RITA CLIFTON

Ame Seu... Impostor

Você se acha tão boa quanto realmente é?

TRADUÇÃO
UBK Publishing House

ubook UBK Publishing House

Publicado mediante acordo com Kogan Page. Edição traduzida do livro *Love Your Imposter: Be Your Best Self, Flaws and All*, publicado por Kogan Page.

COORDENAÇÃO Alessandra Brito
EDIÇÃO Fernanda Barreto
COPIDESQUE Christian Danniel
REVISÃO Mariana Paixão e Carol Maganhi
DIAGRAMAÇÃO Nathália de Morais
ADAPTAÇÃO DE CAPA Bruno Santos

Dados Internacionais de Catalogação na Publicação (CIP)
(Câmara Brasileira do Livro, SP, Brasil)

Clifton, Rita
Ame seu impostor : você se acha tão boa quanto realmente é? / Rita Clifton ; [tradução UBK Publishing House]. -- Rio de Janeiro : Ubook Editora, 2021.

Título original: Love Your Imposter: Be Your Best Self, Flaws and All
ISBN 978-65-5875-615-6

1. Medo de fracassar 2. Síndrome do impostor I. Título.

21-66230 CDD-158.1

Ubook Editora S.A
Av. das Américas, 500, Bloco 12, Salas 303/304,
Barra da Tijuca, Rio de Janeiro/RJ.
Cep.: 22.640-100
Tel.: (21) 3570-8150

Dedicado à minha falecida mãe, minhas filhas e a todas as mulheres que farão o mundo se tornar um lugar melhor.
E a meu marido também.

Sumário

Prólogo

Em meus sonhos impostores...

Eu sempre fui um pouco sonhadora. Nem sempre de uma boa maneira.

Além de sonhar em ser bailarina e de salvar o mundo, eu também tive uma gama completa de sonhos de ansiedade praticamente em toda a minha vida. Minha própria impostora tem estado muito viva e agitada dia e noite.

Obviamente, a maioria desses sonhos não faz sentido, mas eu posso garantir que eles envolverão qualquer um ou todos os elementos de:

- estar em um avião que não consegue decolar alto o suficiente ou que tira lascas de edifícios altos;
- ser perseguida por alguém/alguma coisa com variados graus de estranheza;
- precisar refazer testes quando eu não revisei/fiz uma apresentação para a qual estou completamente despreparada.

E, é claro, na maioria das vezes, acabo pelada. Geralmente em frente a multidões. Você não precisa mergulhar no livro de Sonhos de Ansiedade Significativos para entender o simbolismo.

Eu sei que não estou sozinha. Aparentemente, entre cinquenta e 85 por cento das pessoas afirmam ter (ou melhor, lembram de ter) esse tipo de sonhos de ansiedade e pesadelos.[1] E as mulheres parecem ter esses sonhos um pouco mais do que os homens.

Uma das muitas teorias é que eles aparentemente têm a ver com algo chamado de "simulação de ameaça". Que as pessoas "ensaiam" situações assustadoras em seus sonhos e isso as prepara para enfrentar melhor essas situações na vida real. (Hum... lutar no chão contra serpentes enroladas em você, alguém?)

O mesmo estudo acadêmico também descobriu que os alunos que mais tinham os sonhos de maior ansiedade na noite anterior a um exame obtinham as notas mais altas.[2]

Esse número de cinquenta a 85 por cento de "sonhos" também é amplamente semelhante àqueles que afirmam ter síndrome do impostor no trabalho (cerca de setenta por cento das pessoas e cerca de noventa por cento nas indústrias criativas).

E, recentemente, há uma enxurrada de atores, celebridades e líderes empresariais falando sobre suas inseguranças e impostores pessoais.

Bom para a honestidade deles. E, a julgar pelo sucesso de tantas dessas pessoas, isso pode muitas vezes ser usado de forma positiva.

Se você, pessoalmente, tem exatamente os mesmos sentimentos e experiências, algumas coisas surgiram da discussão dessas questões com outras pessoas:

- **a.** Que a síndrome do impostor é tão comum que deixa de ser uma síndrome e começa a parecer como uma parte normal da condição humana;
- **b.** As pessoas estavam muito interessadas em que eu fosse a mais honesta possível sobre sentimentos de "eu sou um lixo" que muitos de nós temos de tempos em tempos;
- **c.** Muitas dessas preocupações e inseguranças nos sonhos e em geral também são normais... e podem, de fato, ser grandes fontes de empatia com outros seres humanos.

O que é engraçado, porque um pouco mais de honestidade, empatia e humanidade básica são exatamente o que os negócios e o mundo precisam no momento. Espero que isso importe para você.

Na verdade, você pode usar algumas dessas coisas pessoais para lhe ajudar (e, na verdade, às pessoas e coisas ao seu redor) a brilhar e chegar ao topo. E quando digo você, quero dizer você mesmo. Não uma construção corporativa.

Somos, obviamente, todos diferentes, e este livro não pretende ser uma prescrição de autoajuda. É uma coleção de experiências, ideias e (sim, desculpe...) dicas que obtive ao longo do caminho da vida. Eu as ofereço como um *smorgasbord** — por favor, sinta-se à vontade para fazer as próprias escolhas. Elas evoluíram com o tempo e são um pouco confusas, da mesma maneira que a vida é. Isso também parecia normal.

Trabalhei com a indústria de marcas durante a maior parte de minha carreira, por isso usei vários elementos de pensamento de marca e construção de marca pessoal como uma forma de ajudar a fazer as coisas acontecerem para você.

No entanto, este livro não é todo sobre um foco altamente autoconsciente em sua marca pessoal ao longo de sua carreira, na qual você escolhe seu caminho, arrasando enquanto progride. Isso não é vida como a conhecemos, e não é particularmente humano.

Portanto, sim, *Ame Seu Impostor* é um livro aberto, em todos os níveis. Há um pouco de teoria e muita prática. Eu adorei escrevê-lo e espero que você encontre algumas coisas que possam lhe ser úteis.

---

* *Smorgasbord* é uma refeição de diversos pratos, parecido com um buffet, servida na Suécia. Os alimentos incluem variadas iguarias típicas do país.

Introdução

Por que este livro, por que agora e por que estou escrevendo-o

Quando pensei neste livro pela primeira vez há alguns anos, seu título original era, na verdade, *Pelada e Despreparada.* Isso começou como uma brincadeira, mas refletia uma verdade. Ao longo de minha vida pessoal e profissional, posso dizer honestamente que nunca me senti suficientemente bem preparada para nada – seja uma prova, uma peça de teatro escolar, uma reunião, um lançamento, uma apresentação ou qualquer outra coisa. Sempre me preocupa que eu não tenha feito o suficiente, não tenha trabalhado o suficiente, não tenha conseguido o suficiente e que, sim, alguém vai me desmascarar. A impostora.

Há várias definições de Síndrome do Impostor (tanto acadêmicas quanto pessoais). Uma típica, da *Harvard Business Review*, diz que se trata de "uma coleção de sentimentos de inadequação que persistem apesar do evidente sucesso".[1] Para mim, é aquele sentimento irritante que me diz que desta vez será quase certamente o momento em que tudo vai dar errado no que estou prestes a fazer – e, normalmente, na frente de muitas pessoas. A voz que diz que eu provavelmente não estou à altura da tarefa e deveria me retirar para dar lugar a alguém que realmente sabe o que está fazendo. Essa é a minha experiência, e você pode muito bem ter seu próprio amigo ou inimigo impostor invisível. Na verdade, é tanto um alívio quanto uma frustração que a Síndrome do Impostor seja algo compartilhado por cerca de setenta por cento da humanidade.[2] Pode certamente ser cansativo. Mas esses sentimentos podem ser úteis de maneiras estranhas e interessantes.

O título do livro acabou sendo mudado para *Ame Seu Impostor* porque minha (muito adorável) editora estava preocupada com o fato de que as pessoas pudessem entender de forma errada (ou grosseira) o título *Pelada e Despreparada*. Ambos os títulos refletem os mesmos sentimentos: todos nós podemos nos sentir expostos (e até sonhar com isso literalmente), e todos nós podemos nos preocupar que não estamos preparados ou se somos bons o suficiente... mas isso é uma coisa humana normal. E o mundo precisa de humanos decentes no comando.

Apesar de tantas mulheres me pedirem para escrever um livro honesto sobre mulheres e liderança que refletisse experiências da vida real, mesmo durante o processo de escrita, eu me empolgava ou desanimava pensando se alguém realmente o compraria/leria/ ou gostaria dele/entenderia algo dele. Em um infortúnio crucial em 2018, assisti a uma interessante noite de palestras com a pioneira política Dame Shirley Williams e o ilustre historiador Niall Ferguson. O tema geral era sobre liderança, e falei com uma mulher muito brilhante e inspiradora, que mais tarde descobri que era Vicky Gosling, OBE, e que estava envolvida na fundação e no crescimento dos Invictus Games. Após alguns minutos, ela disse: “Você é Rita Clifton, não é? Eu a vi falar naquela sessão de liderança há alguns anos e você definitivamente mudou minha vida.”

Nossa! Essa é uma responsabilidade e tanto, pensei nervosa... De qualquer forma, ela começou a me dizer como e o quanto ela havia apreciado minha honestidade.

Isso me fez chorar (de uma boa maneira). E depois a seguir com a conclusão deste livro.

Há também a ironia extra na parte "despreparada". Desde que eu finalmente comecei a escrever, tem havido uma explosão de grandes livros escritos por e sobre mulheres na liderança, com demandas por novas formas de trabalho e chamadas para uma mudança radical no sistema atual. Segui com esse importante propósito e na esperança de que uma ajuda extragrande de honestidade pessoal pudesse acrescentar algo.

Minha outra motivação principal para finalmente conseguir escrever o livro foi um grande aniversário. E embora os cinquenta possam ser os novos trinta, ou os sessenta os novos quarenta, esses são os momentos em que você chega em sua vida quando se importa um pouco menos com o que as pessoas possam pensar. Você pode ser mais honesto sobre como as coisas realmente são, em vez de como nós tendemos a apresentá-las.

E, é claro, a outra grande coisa que aconteceu desde que comecei a pensar neste livro é o movimento #MeToo. Tem sido muito gratificante ver quantas mulheres têm sido capazes de denunciar comportamentos tóxicos, de serem ouvidas e de serem feitas coisas reais a respeito. Além disso, no Reino Unido, empresas de todos os tipos precisam relatar, prestar contas e demonstrar o que estão fazendo em termos de diversidade, igualdade, diferenças salariais e, em geral, melhor comportamento. É bom poder relatar alguns progressos sobre tornar o mundo dos negócios mais humano e empático.

Tudo o que eu diria é que, apesar de todas essas coisas boas, enquanto escrevo este livro, ainda temos chauvinistas ostensivos em altos cargos em todo o mundo e mulheres de todo o mundo atiradas na prisão por dizer e fazer coisas que deveriam ser seu direito de dizer e fazer. A luta pela desigualdade não desapareceu. De fato, em alguns casos, a misoginia se escondeu e apodreceu na clandestinidade.

Em 2017, o Fórum Econômico Mundial afirmou que, em seu ritmo atual de progresso, seriam necessários cem anos para fechar a lacuna da igualdade entre homens e mulheres. E que as mulheres tinham apenas 68 por cento das oportunidades e resultados que os homens têm. A mesma pesquisa mostrou que as mulheres teriam que esperar 217 anos antes que ganhassem tanto quanto os homens e que estivessem igualmente representadas no local de trabalho.[3] O número de CEOs femininas nas empresas da *Fortune* 500 recuou 25 por cento entre 2017 e 2018 (mesmo que tenha se recuperado em 2019).[4]

As mulheres ainda precisam de todos os caminhos disponíveis para garantir que elas possam dirigir as coisas — e agora mesmo, bem como no futuro, quando tivermos realmente mudado os sistemas.

Existem, obviamente, muitas maneiras de capturar o "castelo dos negócios". Talvez por um cerco contínuo ou totalmente frontal nas muralhas (e com o apoio de todos os equivalentes ao #MeToo para os negócios e movimentos de igualdade). Ou talvez entrando disfarçadas, fazendo o equivalente ao cavalo de Troia antes de tomar o "rei" como refém e agarrar a proverbial coroa. Ou talvez até mesmo esgueirando-se pelos esgotos à noite. Caso contrário, há sempre a opção de começar um novo assentamento em outro lugar (se você puder obter a permissão de terra e planejamento).

Já chega de analogias. Podemos usar todos e quaisquer desses caminhos para conseguir mais mulheres no comando.

Não fui eu...

Conversando com outros sobre a síndrome do impostor, seja homem ou mulher, fiquei impressionada com as diferentes respostas das pessoas. Muitos admitirão sentimentos semelhantes — mesmo que eles apareçam de maneira diferente dos sonhos relativamente estranhos que eu tenho. Outros parecem sem expressão e começam a se afastar.

Estudos mostram que dois terços das mulheres no Reino Unido sofrem de síndrome do impostor no trabalho.[5] Isso também afeta quase noventa por cento das pessoas nas indústrias criativas. Não é apenas uma coisa feminina, embora as mulheres aparentemente tenham 18 por cento mais probabilidade de senti-la do que os homens. Pesquisas sugerem uma série de razões para isto: que o sucesso das mulheres é contraindicado pelas expectativas da sociedade; que as mulheres tendem a ser mais autocríticas em geral; e até mesmo que as mulheres estão preparadas para serem mais abertas com seus sentimentos e emoções.[6] (Em contraste, por causa das expectativas sociais, estudos semelhantes mostram que os homens se sentem menos capazes de serem abertos sobre essas questões e também existe aparentemente um "efeito hormonal da testosterona", fazendo com que os homens sintam uma maior sensação de confiança).

Sejam quais forem as causas, há um monte de impostores por aí. Parece mais como uma síndrome do ser humano.

É pessoal

Ao longo dos anos, fui solicitada a fazer discursos corporativos sobre marcas, branding, marketing, comunicação e gestão empresarial em geral. Mas também me pediram para compartilhar minha história em inúmeras conferências, escolas de negócios e preparatórias, tanto para jovens executivos quanto para colegas de diretoria. Os organizadores me pedem para ser tão honesta, aberta e pessoal quanto possível.

Tenho tido o prazer de fazer isso em sessões particulares, mas nunca compartilhei meu discurso depois, porque, bem, foi pessoal.

Revelando-se como humano

Estou agora em uma fase em que acho que devemos nos revelar como os seres humanos imperfeitos que todos nós realmente somos. Como a maioria das pessoas, eu cometi muitos erros (e ainda cometo). Mas há uma questão mais ampla. Nossa mídia e clima público, especialmente no Reino Unido, elevou o cinismo a uma bela arte, muitas vezes caracterizando e caricaturando pessoas em grandes negócios como vilões sem alma, até mesmo do tipo hollywoodiano.

Às vezes, é claro, as pessoas pedem por isso. A comunidade empresarial não tem ajudado sua causa por se comportar com demasiada frequência como uma nação alienígena. Muitos executivos seniores ainda vestem ternos e gravatas, um uniforme de trabalho que os distingue. Eles podem falar no jargão dos negócios e parecer e soar como se fossem de um planeta diferente. E a remuneração dos executivos é verdadeiramente fora desse mundo.

Cabe a todos nós mudar essa conversa e trazê-la à realidade.

Confie em mim, eu sou uma pessoa de negócios

O declínio da confiança nos negócios e nas instituições tem provocado uma grande quantidade de busca emocional entre os líderes empresariais. No Edelman Trust Barometer de 2019, apenas 56 por cento do público geral afirmou confiar nos negócios, um número que diminui para 53 por cento quando respondido apenas por mulheres.[7]

Já falei em muitas conferências e encontros de negócios sobre esse déficit de confiança — um deles até tinha um arcebispo como orador convidado. Tivemos uma conversa séria sobre como o Papa Francisco tinha reposicionado a fé católica, humilhando-se perante seus seguidores por meio de ações simbólicas, como lavar seus pés. Havia algum consenso de que as empresas precisavam fazer algo equivalente. Os negócios só têm sucesso graças ao cliente e ao público e precisam servi-los adequadamente, e comportar-se de forma responsável, a fim de se beneficiarem de seu apoio contínuo.

Apesar do sentimento bem-intencionado desses encontros, muitas conversas giram em torno da visão dos líderes seniores de que as empresas precisam apenas ser "melhores na comunicação" do que fazem e do que trazem à sociedade; ou seja, empregos, inovação para melhorar a vida das pessoas e, é claro, riqueza. Muitas pessoas podem até concordar em teoria, mas o problema é que elas também acreditam que grande parte da riqueza permanece com os executivos seniores... que elas não acham que merecem tanto.

Certamente não se trata apenas de "comunicação".

A inaceitável face da desigualdade

Há um consenso crescente de que a desigualdade está verdadeiramente fora de controle e, sim, algo teve que ceder. Isso tem aparecido em eventos populistas, como o resultado do referendo Brexit, a eleição de Donald Trump, o aumento da raiva nacionalista e até mesmo o retorno do apoio ao Marxismo. Mas o que os líderes empresariais esperam quando a riqueza está cada vez mais sendo sugada até o topo?

A desigualdade de crescimento da renda entre o topo e a base da pirâmide da sociedade é marcante em todo o mundo. Em todos os países, o crescimento da renda é sistematicamente maior para os grupos de renda superior. Na China, o crescimento da renda das pessoas com salários mais baixos entre 1980 e 2016 foi de 417 por cento contra mais de 3.750 por cento para os 0,001 por cento do topo. A diferença entre os cinquenta por cento mais baixos e os 0,001 por cento mais baixos é ainda mais acentuada na Rússia (menos 26 por cento contra mais de 25.269 por cento).[8]

A relação do pacote salarial diferencial entre um CEO e o membro médio do pessoal era superior a trezentos em 2018 nas empresas americanas, em comparação com trinta nos anos 1960.[9] Enquanto isso, a maior parte do risco é empurrada para aqueles que menos podem arcar com ele, enquanto as vantagens financeiras e de emprego dos executivos seniores são mais bem protegidas. Como muitos executivos seniores se sentiriam em relação a ser um "fazedor de bicos" com toda a insegurança que isso traz à vida?

Essa desigualdade é um elefante muito grande em uma sala muito pública.

E mesmo que se tenha tornado mais aceitável falar sobre essas questões nos comitês de remuneração da diretoria nos últimos anos, ainda existe o perigo de se parecer com um comunista hippie se você procurar resolvê-las.

Poucos votarão pelo desarmamento unilateral quando se trata de reduzir a remuneração dos executivos; como membro da diretoria, você não quer perder seu melhor talento para os concorrentes e cometer autoflagelação comercial no altar dos gestos, assim como os perus (os próprios executivos seniores) não querem votar por um Natal que reduz sua remuneração.

No Fórum Econômico Mundial de 2016, o ano em que a pesquisa Edelman atingiu o auge da desconfiança, sessenta por cento dos participantes ricos confiaram nas organizações para fazer a coisa certa, contra 46 por cento das pessoas de baixa renda.[10]

As pessoas obtêm pistas sobre o que realmente está acontecendo a partir do que as pessoas fazem, e não do que elas dizem. Reputação é a realidade com um efeito de defasagem. Se você quer que as pessoas pensem algo diferente sobre você, geralmente você precisa *fazer* algo diferente.

Comportamento *é* comunicação.

Tudo isso é um problema para os negócios porque o mau comportamento traz aos governos populistas a necessidade de estarem no controle por meio de uma regulamentação empresarial mais aberta – mesmo que isso seja contraproducente para as economias. Deve ser uma fonte de vergonha e frustração para as empresas que os políticos saibam que obterão mais votos dando uma boa rasteira nos negócios (geralmente grande). São más notícias para as empresas e para seus efeitos benéficos para a sociedade, que são menosprezados ou subestimados.

A necessidade de ser humano, afinal de contas

Tudo isso é importante, pois se soma a uma percepção pública dos negócios como um lugar desumano. Programas de negócios pantomímicos, como *O Aprendiz* e *Dragons' Den*, não ajudam. Se as pessoas realmente se comportassem assim nos negócios, você estaria nos tribunais de trabalho antes de poder dizer VOCÊ ESTÁ DEMITIDO! Sem mencionar a perda da moral e da boa vontade; você não pode comprar o entusiasmo, o otimismo e o compromisso pessoal das pessoas se você as assusta e as intimida sem razão.

Precisamos de negócios para sermos mais humanos. Para ser algo positivo em que todos os seres humanos trabalhem ou que por eles sejam pagos (e assim devem incentivar e apoiar). E nós realmente, de verdade, precisamos que as empresas tenham sucesso sustentável se quisermos gerar o tipo de dinheiro que precisamos para pagar escolas, hospitais e a sociedade civil.

As empresas precisam se comportar como se o resto do mundo importasse... porque importa.

Está tudo bem dizer que uma empresa só é responsável perante os acionistas, mas isso se torna uma desculpa para obter o maior lucro possível a curto prazo. As responsabilidades a longo prazo dos negócios – gerar riqueza sustentável que emprega pessoas de forma confiável e cuida dos clientes — são tão fundamentalmente importantes quanto. Vale lembrar também que os próprios acionistas não são apenas instituições sem rosto. Eles são funcionários, pensionistas, pessoas comuns com poupança e uma participação na sociedade. E se não temos ar puro para respirar, se não restam recursos e a maioria leva uma vida miserável, quem se importa com o que dizem os resultados trimestrais?

HUMANOS *VERSUS* ALIENÍGENAS

Pessoas bem-sucedidas que se apresentam como mais humanas do que a brigada de ternos corporativos tendem a ter uma audiência mais simpática:

- Pense em Richard Branson, pelo menos no início (reprovado na escola! Disléxico! Vestia cardigãs horríveis!).
- Pense em Usain Bolt (se enche de nuggets de frango! Gosta de festejar!).
- As pessoas chegam até a gostar da empreendedora do *Dragons' Den* Deborah Meaden quando ela mostra seu lado vulnerável, engraçado e autodepreciativo (ao contrário de sua caricatura rabugenta e carrancuda) em *Strictly Come Dancing*. Ocorre o mesmo com Ed Balls, o ex-político britânico. Gangnam Style nunca mais será o mesmo.
- Outros exemplos muito humanos incluem Indra Nooyi (CEO inspiradora e humana em geral), Oprah (nem preciso dizer) e Bill Gates. Qualquer um que o visse tentando dançar no palco no lançamento do Windows em 1995 teria um coração de pedra se não quisesse abraçá-lo e fazê-lo parar.[11] Ajuda, é claro, que ele tenha doado 45,5 bilhões de dólares para causas sociais e de saúde por meio de sua fundação.

Mudando os negócios para sempre

O mundo precisa mudar; os negócios governam o mundo; por isso, precisamos mudar os negócios.

Para mim, isso significa ser mais humano.

Isso significa que os empresários precisam agir mais como seres humanos que têm famílias, parceiros, animais de estimação, consciências, pulsação. Até mesmo senso de humor.

Significa parar de fingir que eles sabem tudo (e apenas falar em particular sobre como eles realmente gostariam de fazer mais o bem se apenas eles pudessem convencer seus acionistas).

É um pouco melhor agora do que quando comecei a trabalhar, mas olhando para algumas gafes de relações públicas, e o desdém que alguns líderes empresariais apresentam ao tratarem funcionários e clientes, ainda há um longo caminho a percorrer. Você terá seus próprios exemplos "favoritos", mas estes casos me vêm à mente:

- United Airlines (o cliente é arrastado à força de um avião, o CEO inicialmente culpa o cliente, depois recorre ao jargão defensivo);
- Uber (várias alegações, incluindo processos de discriminação e assédio sexual, levando à saída do fundador/ CEO);
- CEO da Persimmon no Reino Unido (levou 85 milhões de libras de bônus, embora tenha sido inflado por um esquema financiado pelo contribuinte. Sai de uma entrevista na TV quando perguntado sobre isso).

Todos esses exemplos foram obviamente destacados e ampliados pelas mídias sociais; há um imperativo adicional em fazer a coisa certa agora que operamos em um mundo digital. Nos dias pré-digitais, se uma empresa estava cheia de pessoas se comportando mal, havia uma chance de escapar se você tivesse um departamento de relações públicas decente e muito dinheiro para gastar em bom marketing. Agora, você é descoberto com uma escala e velocidade que lhe tiram o fôlego. Mídias sociais e sites anônimos de avaliação de funcionários como Glassdoor garantem que, o que quer que aconteça lá dentro, saia em um piscar de olhos. Hoje, não há substituto para ser um grande negócio, em que as pessoas se preocupam com o próprio trabalho, que gostam e acreditam no que fazem e estão preparadas para contar aos outros. Isso também é marketing barato e eficaz. Negócios grandes, ruins e preguiçosos têm muito o que suar.

Seja a melhor versão de si mesmo

Portanto, sim, precisamos ser mais humanos das melhores maneiras. Embora, tendo dito isso, eu ache um pouco inquietante o conselho de ser apenas "você mesmo" para ter sucesso no trabalho. Ninguém realmente precisa saber que você gosta de andar por aí de roupão comendo lanches e vendo televisão durante o dia quando está "trabalhando de casa".

Apesar de seu uso excessivo, prefiro que o termo seja seu "melhor eu" — ou seja, um ser humano normal, com emoções, tentando fazer a coisa certa, mesmo que você nem sempre tenha certeza se tem a resposta certa. Compartilhar algo honesto sobre você e/ou o que você fez de errado também pode ajudar as pessoas a entender e pelo menos tentar fazer a coisa certa na própria situação. Por fim, faça o que é melhor para aproveitar ao máximo a melhor versão de si e daqueles ao seu redor.

É sempre sobre as pessoas

Se a chave para negócios bem-sucedidos e de valor sustentável é construir relacionamentos bons, de longo prazo e confiáveis com os clientes, então é preciso começar a usar a linguagem e o comportamento de relações humanas respeitosas em vez de uma prática afiada e exploradora.

Quando perguntada sobre o sucesso original de seu negócio em um discurso que fez em uma de minhas empresas anteriores, a falecida e grande Anita Roddick, fundadora da The Body Shop, disse: "Fizemos anúncios para funcionários, mas em vez disso apareceram pessoas." Ela sabia que, para construir um negócio sustentável, tinha que cuidar das pessoas que trabalhavam para ela e reconhecê-las como seres sencientes com sensações, emoções e necessidades confusas. A Unilever, a Patagonia e algumas das marcas globais mais esclarecidas estão fazendo o mesmo.

Da mesma forma, sou alérgica ao termo genérico "o consumidor". Eu não reconheço essa única entidade. Mas o que eu sei é que diferentes tipos de pessoas consomem diferentes tipos de marcas. Nenhum desses termos como "os funcionários", "o consumidor", "o público" criam um senso de conexão humana. Se você usa esses termos, você está reduzindo as pessoas a espécimes de "terceiros" a serem observados e explorados, e isso não é o que é necessário.

Fico impressionada com a quantidade de pessoas que são fabulosamente humanas, engraçadas, atenciosas e autodepreciativas em particular, mas assim que vestem um terno de negócios, ou quando têm câmeras gravando, erguem os ombros, fazem uma cara "profissional", utilizam uma linguagem de trabalho e ficam com a carapaça corporativa mais uma vez.

Lições de química sobre liderança

Para alcançar a transformação que queremos nos negócios, precisamos de uma mudança da química no topo – literal e emocionalmente. Esse é meu código não muito sutil para ter muito, muito mais mulheres dirigindo nossas principais organizações e instituições ao redor do mundo. Aqui também vou incluir uma série de startups e organizações de todas as formas e tamanhos.

Isso não quer dizer que os homens não possam ser "humanos", ou que as mulheres tenham o monopólio da inteligência emocional. Mas, ao contrário, as coisas funcionam melhor quando estão equilibradas. Não vou repetir todo o excelente aprendizado de livros como *Faça acontecer*, de Sheryl Sandberg, *Good time to be a girl*, de Helena Morrissey, ou o maravilhoso livro de Mary Portas, *Work like a woman*. Ou ainda todos os estudos que demonstram que ter mais mulheres em conselhos de administração e em níveis de alta direção leva a um maior desempenho sustentável e a menos riscos.[12]

Mas, um exemplo rápido.

As organizações entre as 25 por cento melhores em diversidade de gênero nas equipes de liderança executiva tinham maior probabilidade de superar em rentabilidade (21 por cento) e criação de valor (27 por cento), de acordo com o estudo da McKinsey & Company sobre mil empresas em 12 países.[13]

Uma das minhas pesquisas favoritas sobre o efeito positivo de uma força de trabalho mais equilibrada foi sobre os astronautas da NASA, que foram questionados sobre o impacto das astronautas femininas no programa espacial. Cerca de 75 por cento deles foram realmente positivos e disseram que isso levou a "missões mais tranquilas", "melhor linguagem" e "melhor higiene pessoal".[14] Bem, eu acho que teremos isso para começar. A sala de reuniões também pode às vezes ser um lugar bastante sujo.

Foi fascinante participar de um almoço com Sheryl Sandberg, COO do Facebook. Sei que ela tem tido alguma má reputação desde a publicação de *Faça Acontecer* por causa de alegações sobre as práticas corporativas do Facebook, mas ela também tem sofrido com traumas pessoais trágicos. Ela era uma grande oradora e muito humanitária.

O que me ficou na cabeça é que ela recitou todas as estatísticas sobre como os homens dominam totalmente a liderança do mundo do trabalho e da política... e depois disse com um fabuloso eufemismo: "E parece que não está indo tão bem..."

Os negócios no novo mundo real

Quero que negócios e negócios de todos os tipos, formas e tamanhos tenham sucesso. Porque todos nós precisamos deles para pagar e sustentar — *e fazer parte de* — uma sociedade humana e civilizada. Muitos de nós podem passar a maior parte de nossos momentos de vigília "no trabalho" e, cada vez mais, estar digitalmente disponíveis significa que uma parte de nós está sempre lá. Portanto, é um verdadeiro desperdício se não estabelecermos deliberadamente que o trabalho funcione para nós, nossos colegas e nossas vidas nesse período.

Não tenho certeza se devemos falar de "negócios *e* sociedade" como dois conceitos distintos. São os negócios *na* sociedade, desempenhando seu papel de proporcionar trabalho interessante e produtivo que ajuda as pessoas e a sociedade. E sim, fornecem riqueza *proporcional* para aqueles que estão preparados para assumir riscos e responsabilidade para iniciar e liderar negócios bem-sucedidos.

Por que uma abordagem seletiva de conselhos?

Na frente relativa do "lixo ao luxo", minha carreira se saiu bem, de uma forma que me surpreendeu e certamente surpreendeu meu diretor de estudos na universidade. Trabalhei com, ou para, algumas empresas de alto perfil, incluindo a Saatchi & Saatchi em seu período mais bem sucedido. Dirigi e presidi uma consultoria de marca global (e comecei uma nova), e fui sortuda o suficiente para fazer parte das diretorias de algumas empresas interessantes, bem como de instituições de caridade (como a WWF).

Bizarramente, facilitei uma discussão de liderança entre um ex-arcebispo da Cantuária, o chefe do Conselho Muçulmano da Grã-Bretanha e o chefe das Forças Armadas. Fiz discursos de Xangai a Sidney via Suécia, África do Sul, Cingapura e Santiago. Disse ao radialista e historiador natural sir David Attenborough na frente de duzentas pessoas que tenho uma queda por ele desde os sete anos de idade e fiz um voto de agradecimento a Melinda Gates: isso foi assustador, mas ela foi fabulosa e muito pé no chão. Da mesma forma, pensei que ia ter uma crise de nervos por conta de um discurso a Hillary Clinton, mas ela foi brilhante e eu sobrevivi.

Um dos meus momentos de maior orgulho foi quando recebi a honra de comendadora da Excelentíssima Ordem do Império Britânico, também conhecida como CBE, da sua majestade rainha Elizabeth II, em 2015, e minha mãe estava sentada a apenas dez passos da rainha. Infelizmente, minha mãe morreu posteriormente, mas ela nunca mais conseguiu parar de falar sobre isso depois. Essa foi uma experiência extraordinária para ela, sendo uma de 12 irmãos que passou sua vida profissional como assistente de loja e faxineira. Ela também se tornou viúva cedo, meu pai morreu quando ele tinha apenas 51 anos. Ela tinha apenas 45 anos e eu tinha 12.

No que diz respeito à minha própria experiência menos extrema, fiz o que fiz enquanto tinha mais do que uma pequena dose de fragilidade humana e uma grande dose de dúvida de mim mesma. Como eu disse no início do livro, minha impostora tem sido uma companheira constante, e eu fiquei um pouco presa ao conhecer e até mesmo ao apreciar sua presença.

Acho que não tenho uma fórmula mágica para o sucesso, e não pretendo fazer grandes reivindicações. Escrevi este livro porque queria compartilhar o que aprendi e gostaria de dedicá-lo a ajudar outras pessoas a liderar e iniciar negócios com falhas e tudo — e ver essas coisas como vantagens.

Vou usar partes da minha vida como pano de fundo, não porque eu ache que ela é particularmente interessante ou incomum, a de todos é, de alguma forma, mas porque fornece alguma narrativa e motivo para compartilhar experiências reais.

Claramente, todos são diferentes. Tudo o que eu digo tem o benefício de olhar através do espelho retrovisor. Eu nunca fui muito boa em seguir meus próprios conselhos, e o livro é uma coleção de meus pensamentos e observações. Por favor, sinta-se à vontade para fazer as próprias opções e ignorar qualquer coisa que não lhe convenha, mesmo que interiormente, se você assim o desejar (mas idealmente depois de ler o capítulo sobre os caras legais...).

Primeiro, vou falar sobre o que podemos aprender, até mesmo desde o início em que não tínhamos a menor ideia (**Sem noção**), seguido por alguns exemplos de como conseguir mais união (**Alicerce profissional**), e depois explorar o porquê e como somos afetados pelas aparências e certos eventos (**Momentos cabeludos e resultados mais felizes**). Em seguida, vou falar sobre como garantir que você saiba as coisas numéricas mais difíceis para chegar mais alto e realmente saber o que está acontecendo (**Números mágicos e estatísticas difíceis**, assim como **O dinheiro fala**), além de algumas experiências pessoais sobre como (e como não) ser a melhor versão de si mesmo no trabalho em qualquer estágio (**Por que você não precisa fingir até conseguir**). Em seguida, algumas dicas e pistas sobre como se comunicar e ser tão influente quanto você pode ser (**Vozes silenciadas**), e depois algumas sugestões sobre como obter mais habilidades e oportunidades... assim como lidar com questões potencialmente angustiantes, como ter uma família (**Ampliando habilidades e expandindo a vida**). Os três últimos capítulos são dedicados a como continuar progredindo de uma forma que lhe convém (**As mulheres comandam bem**), com alguns conselhos e reflexões finais sobre como ser uma idiota (ou viver com um) é uma má ideia, em **Caras legais não terminam em último**. O último capítulo é sobre o que os negócios podem fazer e ser no futuro se todos nós quisermos obter mais para o bem comum — e como você pode usar sua marca pessoal para ajudar a fazer coisas boas acontecerem (**Você e o futuro dos negócios**). O **Epílogo** é apenas o mais recente na vida real...

CAPÍTULO UM

Sem noção

Sobre a minha própria história de impostora

Se eu devo compartilhar pensamentos e experiências da vida real de uma maneira autêntica e que dê algum contexto para o resto do livro, isso também significa compartilhar um pouco sobre minha vida anterior. Ela não é particularmente fora do comum, mas espero que, se nada mais, reforce a velha frase coloquial inglesa "*there's nowt so queer as folk*", significando que não há nada tão estranho quanto as pessoas.

Claramente, muitas pessoas têm antecedentes e experiências de vida terríveis e de partir o coração que, não por culpa própria, são reprimidas por elas. Elas merecem todo o apoio que todo mundo possa dar para superá-las. Eu tiro meu chapéu para aqueles que superam e fazem uma diferença positiva para os outros.

Então, há aqueles que têm histórias um pouco estranhas (a maioria de nós, aparentemente), e que poderiam valorizar alguns pensamentos para usar essa pequena estranheza para ajudar a conseguir o máximo possível.

Um pouco da minha história...

Nasci como a filha caçula de um homem que havia machucado as costas enquanto entregava um enorme pallet de pães. Minha mãe estava grávida de sete meses, já com dois filhos pequenos, e uma ambulância apareceu com meu pai gemendo em uma maca e o deixou em casa. Eles estavam vivendo em um trailer na época porque tinham sido expulsos de seu apartamento após a última tentativa de negócios do meu pai, uma empresa de limpeza a seco, ter dado errado.

Quando ele piorou, eles chamaram a ambulância novamente e descobriram que ele havia quebrado as costas. Ele foi basicamente um inválido durante todo o tempo que eu o conheci.

Dando tudo de si

Meu pai era, no entanto, bastante inteligente. Ele veio de uma vila mineira nos arredores de Newcastle, acima de Tyne, no nordeste da Inglaterra, e a maioria de seus parentes homens trabalhava nas minas de carvão, enquanto sua mãe eventualmente dirigia os correios locais. Meu pai foi o produto de um caso na Grande Guerra de 1914-1918. Sua mãe ficou grávida de um motorista de ambulância do Exército posicionado nas proximidades; eles rapidamente se casaram, e Arthur Senior (seu pai) foi para a guerra, na qual morreu antes mesmo de conhecer seu filho. Apenas um dos muitos contos tristes similares, eu sei.

Na escola, meu pai se saía muito bem e ele especialmente gostava de me dizer, mais tarde, que muitas vezes ele acertava 99 por cento e 100 por cento nas provas, especialmente quando eu só acertava 97 por cento. Ele até mesmo alegou que se inscreveu para receber uma bolsa de estudos da Escola de Economia de Londres, mas infelizmente nunca foi capaz de ocupar um lugar porque, em vez disso, tornou-se pai quando tinha 18 anos. Esse relacionamento não durou muito, então ele se casou com uma atriz e teve mais dois filhos. Isso também se desfez diante da aparente incapacidade de meu pai de ser um marido confiável. (Eu mencionei que ele era um jogador compulsivo?) Nos anos seguintes, ele se mudou para Surrey, tendo dispensado seu sotaque regional de Geordie depois de provocações impiedosas na Força Aérea Real. Logo após a Segunda Guerra Mundial, ele acabou parando em um baile onde entrou em uma valsa com minha mãe. Ele ofereceu-lhe meias de nylon e ela ficou apaixonada.

Minha mãe era uma entre 12 irmãos, dez meninas e dois meninos (mais tarde na vida, era como estar entre uma ninhada de gatos com todas as minhas tias). Ela teve que sair da escola aos 14 anos para ganhar dinheiro e ficou, é claro, seriamente impressionada com meu futuro charmoso e inteligente pai. Seus pais eram pequenos animadores de teatro musical; seu pai era, na verdade, um engenheiro aeronáutico de profissão durante o dia, mas seu verdadeiro amor era o palco. Vovó fugiu do internato na virada do século passado e se tornou modelo de artista, aparecendo nas revistas *Tatler* e *Harper's Bazaar*. Mais uma vez, nada tão estranho quanto as pessoas.

Meu pai acabou confessando que já havia sido casado duas vezes, mas ele e minha mãe fizeram do casamento deles o número três. Depois de mais dois filhos juntos, eu era sua terceira (ou sexta, dependendo de como você vê isso) e definitivamente a última filha.

Não vou mencionar os vários empregos, negócios e esquemas do meu pai, mas basta dizer que ele não era um empregado ou empresário fácil porque o trabalho atrapalhava seu jogo. Felizmente, minha mãe, antes uma mulher livre e sedutora, acabou se dispondo a trabalhar muito, e foi ela quem conseguiu costurar, dirigir a lavanderia e limpar as casas para manter o espetáculo na estrada.

É engraçado como você pode fazer pouco caso das coisas, mas tenho certeza de que, de alguma forma, o fato de minha pobre mãe estar trabalhando o tempo todo, dentro e fora de casa, me fez sentir que era normal fazer isso. Também descobri mais tarde que com toda a tensão de meu pai doente, três filhos pequenos, problemas constantes de dinheiro e anemia não diagnosticada, ela teve um colapso nervoso quando eu era muito jovem. Ela ficou meses fora, em um hospital de saúde mental, enquanto nós ficamos com minha avó. Não me lembro de nada específico, mas tenho a vaga lembrança de uma saudade indefinida e dolorida quando criança. De qualquer forma, ainda estou respirando. Minhas filhas agora riem de mim sempre que eu as sufoco de amor.

Você terá as próprias experiências a serem levadas a cabo. O importante é reconhecê-las, entender seu impacto e tentar usá-las de forma positiva.

Somos todos produtos de nosso tempo até certo ponto, mas seja no pós-guerra, na libertação, na era das ombreiras ou na do #MeToo, a eterna verdade é que cada geração de mulheres faz o que pode e o que precisa fazer.

Aqui estou

Você pode muito bem reconhecer quais características você tem de cada um dos pais, e eu pareço ter herdado uma mistura dos meus. Recebi um cérebro acadêmico aceitável de meu pai, um traço responsável de minha mãe (assim como um amor à dança), e uma aversão vitalícia ao risco e ao jogo. O que é ainda mais favorável, porque quando papai me levou clandestinamente às corridas de cavalos quando ele deveria cuidar de mim, eu felizmente ignorava o fato de que ele PRECISAVA estar lá, enquanto eu pensava que estávamos apenas olhando para os adoráveis cavalos. Mas consegui estudar a forma de cavalos de corrida como uma matéria acadêmica; para ser honesta, não havia muito mais para ler em nossa casa, exceto livros de corridas de cavalos da *Timeform*. Entretanto, para minha eterna gratidão, havia um conjunto de dez enciclopédias verdes. Eu não sei o que possuiu meu pai para comprá-los, exceto que ele gostava que eu fosse esperta e eu descobri muitas coisas sobre astronomia, dinossauros e mitos.

O único outro livro que me lembro na casa de meus pais era *How to Be a Barrister* [Como ser um advogado, em tradução livre]. Isso parecia aleatório, exceto quando descobri que meu pai o havia comprado para processar seus empregadores de entrega de pão por danos às suas costas. Não conheço todos os pormenores, além do fato de que ele conseguiu obter uma compensação suficiente para um arrendamento em uma pequena loja em uma vila chamada Bourne End, perto de Marlow, em Buckinghamshire. Era uma loja de discos de vinil e brinquedos e, ei, eu era filha de um lojista!

Eu costumava ficar na loja todos os sábados e feriados escolares, embora eu não percebesse que esta era, de fato, a versão necessária de babá de meus pais. Eu era bastante boa em matemática e costumava somar os ganhos semanais no caixa. No entanto, o que aparecia no caixa tinha pouca semelhança com o que realmente ganhávamos porque uma mão bastante grande (paternal) costumava mergulhar no caixa toda semana para gastar com os cavalos. As contas muitas vezes não eram pagas, mas como muitas vezes "pegávamos emprestados" brinquedos da loja e tínhamos comida, meus irmãos e eu ficamos com a impressão de que a vida era muito boa.

A vida real se torna um pesadelo

Eu possivelmente teria permanecido em uma ignorância feliz. Eu passei na prova da escola de gramática local para maiores de 11 anos e tive aulas de dança e equitação para que meu pai pudesse fingir que éramos mais ricos.

Mas depois, ele adoeceu, ficou mais doente e foi para o hospital para um check-up. De repente, minha mãe foi chamada para o hospital no meio da noite. Tive um sonho estranho e acordei de repente com um aperto no coração.

Ele estava morto. Ele tinha apenas 51 anos, minha irmã e meu irmão tinham 19 e 14 anos respectivamente e eu tinha 12. A minha mãe tinha 45 anos e estava totalmente em choque.

Foi realmente horrível. Todos os anos que estive viva desde que minha filha mais nova tinha 12 anos (no momento que escrevo esse livro ela está na casa dos vinte) têm parecido um bônus. Se isso soa um pouco mórbido, lembro-me de conversar com uma colega de trabalho muitos anos depois em uma sessão externa bastante profunda e significativa, e ela confessou ter perdido seu pai em um acidente de avião quando era criança.

Ela sempre tinha se mostrado um pouco pessimista e cética em sua visão e agora eu sabia porquê, ela prontamente admitiu que era difícil se atirar com entusiasmo ostensivo em qualquer coisa. Quando você perdeu alguém tão precioso, sendo tão jovem, e viu o impacto sobre os outros, você pode manter a si mesmo e a suas emoções controlados para sempre. Mas essa conversa levou a uma forma totalmente nova de trabalharmos juntas, quando ela pôde reconhecer abertamente que, talvez fosse apenas ela, mas essas eram as coisas que ela sentia que estavam erradas em nossos negócios. Sua cautela foi *valiosa* no contexto certo e uma vantagem real para mim e para a empresa.

Tenho certeza de que você conhece muitas pessoas com revelações semelhantes. Compartilhar um pouco de uma história pessoal pode ser bastante libertador se for relevante e não ocupar muito do dia de alguém.

Houve também algumas outras coisas que a morte prematura de meu pai me fez perceber, mesmo anos mais tarde.

PRINCESAS E PATINHOS

Uma organização de rede de mulheres executivas no Reino Unido uma vez realizou um interessante estudo qualitativo sobre os antecedentes e características-chave de uma ampla gama de mulheres de sucesso nos negócios. Foi há quase 25 anos, mas uma parte realmente ficou na minha cabeça. Entre muitas outras descobertas, elas também descobriram que suas entrevistadas se identificaram aproximadamente em dois grupos O estudo os chamou de "princesas do papai" e "patinhos feios".

Princesas do papai — estas eram descritas como mulheres que se sentiram amadas, apreciadas e apoiadas (particularmente por seus pais) desde cedo, e que tendiam a crescer acreditando que de fato eram merecedoras, atingindo metas de vida e acadêmicas com relativa facilidade e que cresceram quase se perguntando qual era o problema.

Patinhos feios — estas foram as outras entrevistadas que, por qualquer razão, não se sentiam tão amadas ou valorizadas por um ou ambos os pais, mas responderam à negatividade tentando provar seu valor e sucesso; elas podem ter achado mais difícil alcançar a felicidade pessoal, mas a ascensão ao topo das organizações mostrou sua determinação.

Os termos parecem um tanto controversos para os dias de hoje, mas é interessante como a importância fundamental da relação entre pais e filhas — boas e ruins — se mapeia para outros estudos acadêmicos sobre mulheres de sucesso.[1]

Conheça a si mesmo

Na vida real, muitas pessoas podem ser impulsionadas por uma mistura destes efeitos e emoções positivos e negativos, e a diferença é como cada indivíduo reage. Conheci pessoas que tinham expectativas tão idealizadas de um parceiro de vida que ficaram totalmente chocadas quando descobriram que tinham se unido a um traidor em série. Da mesma forma, os chamados "patinhos feios" tornam-se determinados a fazer o contrário de como foram educados.

Acredito que as pessoas podem fazer uso de experiências de vida se tiverem o apoio adequado. Também sei que é tentador olhar para as pessoas com um mindset de "mérito próprio" e julgar os outros, particularmente se você mesmo passou por alguma dificuldade. No entanto, vale a pena lembrar que nem todos podem se recompor sem ajuda e confiança. Ajudar os outros deve fazer parte de todos os nossos planos — assim como se lembrar de nosso próprio impacto se e quando nós mesmos tivermos filhos.

De um ponto de vista pessoal, acho que eu tive uma mistura de "princesa" e "patinho" na minha criação. Eu me sentia adorada por meu pai, mas isso foi rudemente interrompido por sua morte antes de minha adolescência. E descobri mais tarde que meu retrato cor-de-rosa dele não refletia o homem com falhas. Sua morte também me expôs a algumas experiências em minha adolescência que desafiaram minha confiança e segurança. Mas o esforço para impressionar um pai morto e criar estabilidade e segurança perversamente acabou se revelando um motivador útil para mim. Há muitas pesquisas sobre como perder um pai no início da vida está correlacionado com um impulso de carreira e de negócios posterior.

Em seu livro *Davi e Golias*, Malcolm Gladwell chama este grupo de "órfãos eminentes" e diz que a morte de uma mãe ou de um pai é um esporão. Como você está por conta própria, o livro sugere que é obrigado a persistir, a inventar, a traçar seu próprio caminho.[2] Além dos líderes empresariais e empreendedores que estão desproporcionalmente representados nos "órfãos", Gladwell também descobriu que 67 por cento dos primeiros-ministros britânicos desde o início do século XIX até o início da Segunda Guerra Mundial perderam um dos pais antes dos 16 anos de idade, e 12 presidentes dos EUA perderam seus pais quando eram jovens. Se você é algum tipo de órfão, você está em boa companhia, embora trágica.

No entanto, isso é uma pequena compensação, já que tenho certeza de que a maioria de nós teria abdicado desse tipo de "sucesso" para ter os pais de volta.

Outro impacto de meu pai nos deixar muito endividados foi a realidade de não termos absolutamente nenhum dinheiro a menos que lutássemos por ele. Minha pobre mãe tentou continuar com a loja da família por cerca de um ano, mas não conseguiu. Ela arrumou um emprego de meio período em uma padaria, e eu trabalhava todos os fins de semana e feriados escolares na antiga loja, agora comprada por outra pessoa. Devo confessar que tive algumas vantagens, pois conheci muitos namorados em potencial no departamento de discos...

Quando o trabalho da loja já não estava mais disponível, eu trabalhei em todos os lugares possíveis: fábricas, escritórios, laboratórios, pubs, clubes. Eu me tornei uma especialista em todas as agências locais de trabalho temporário, apreciei a variedade de pessoas que conheci e ganhei uma maior compreensão de tantas vidas diferentes.

Anos mais tarde, com meus próprios filhos – mesmo que como pais você sempre queira protegê-los de qualquer desconforto ou aborrecimento – descobrimos que trabalhar em uma série de empregos não glamorosos de fim de semana e feriados foi uma grande experiência de vida para eles. Se alguma vez eles precisaram, isso os ensinou a NUNCA fazer pouco caso de ninguém ou nada – e a serem obrigados a sorrir quando necessário.

Mais uma vez, apresentei minha história pessoal para contextualizar, mas ela me leva a algumas observações mais amplas:

- A família de todos é única de alguma forma. Todos nós temos esqueletos no armário e, quer você opte por mostrá-los ou não, você pode determinar ativamente se eles o conduzem positiva ou negativamente;
- É melhor não fazer suposições precipitadas sobre as pessoas, porque você não pode conhecer suas histórias pessoais;
- Tente ajudar a todos que puder a fazer uso do próprio background e experiências de forma positiva.

O acima exposto pode obviamente precisar de alguma intervenção profissional, e falo mais sobre isso no capítulo 6.

Os altos e baixos dos tempos de escola

Depois de um período estranho na escola, em que passei da melhor da classe para uma adolescente corcunda e com o rosto marcado de espinhas, com uma saia curta, que tentava se maquiar escondido, acabei sendo ajudada por uma professora determinada e inteligente que achava que eu poderia entrar na Universidade de Cambridge. Nem me tinha ocorrido que eu iria para a universidade.

Houve um momento ridículo em que essa professora em particular estava inspecionando meu formulário de inscrição na universidade, e observando especialmente a foto do passaporte que eu havia anexado. Ela pronunciou estas palavras memoráveis: "Pelo amor de Deus, Rita, você deve parecer com alguém que sabe algo sobre os Clássicos, não com uma rainha do sexo." Afinal, era 1975, e eu tinha a maquiagem padrão de panda nos olhos e cabelos góticos que chegavam abaixo da minha cintura.

No entanto, consegui um lugar no Newnham College, Universidade de Cambridge para estudar Clássicos. Essa era (e ainda é) uma faculdade especificamente só para mulheres, mas, naquela época, na universidade em si havia cerca de seis homens para uma mulher. É difícil, mesmo agora, manter a calma sobre algumas das brilhantes mulheres da minha escola que deveriam ter tido a chance de ir, mas não havia lugares suficientes para elas.

Tenho certeza de que meus amigos brilhantes de escola prosperaram, mas a injustiça naquela época era difícil de suportar. Mesmo que o equilíbrio dos estudantes tenha mudado, os líderes empresariais ainda estão nas velhas proporções de Cambridge no que diz respeito ao gênero.

Felizmente, tendo ficado zangadas, as mulheres também mais do que igualaram as apostas de igualdade na educação em muitas partes do mundo ocidental. Em setembro de 2017, uma inglesa de 18 anos tinha 36 por cento mais chances de iniciar um curso superior do que seus colegas homens.[3] No entanto, ainda há muito mais a fazer em muitas outras partes do mundo·

Descobrindo um "outro" mundo

Obviamente não tínhamos um carro da família, portanto, ao chegar a Cambridge pela primeira vez, minha irmã e seu novo marido me deram uma carona. Eles tinham poupado dinheiro para comprar um Morris Traveller velho e enferrujado. Como tenho certeza de que você pode imaginar, ele foi agradavelmente desencadeado pela linha de carros mais caros, todos distribuindo calouras de universidades.

Eu me senti deslocada naqueles primeiros dias quando conheci pessoas com nomes que soavam como a realeza, sobrenomes ligados com hífen e, em seguida, a variedade de meninos de escolas particulares. Muitos deles pertenciam a clubes que eu nunca havia ouvido falar, aos quais eu nunca seria convidada e onde as pessoas claramente se conheciam. Eles eram de um "outro" mundo social que não precisava de ninguém que viesse de um velho semirreboque, que nunca tinha esquiado, segurava sua faca incorretamente e definitivamente tinha os sapatos errados. Tendo dito tudo isso, conheci as pessoas mais extraordinárias e várias dessas mulheres se tornaram amigas para toda a vida. Conheci a maravilhosa e franca Mary Beard, que agora é uma comunicadora de alto nível e acadêmica feminista, e alguns dos melhores cérebros do mundo.

Se você não se importa, eu não vou falar sobre minhas conquistas acadêmicas. Como minha diretora de estudos me disse depois: "Bem, pelo menos não foi uma *third*", o que, no sistema universitário britânico, é a classificação de graduação mais baixa. Em uma mensagem escrita, ela também disse que eu poderia ter feito muito melhor, que eu às vezes a tinha enlouquecido e frustrado, mas que, na verdade, ela nunca se arrependeu de ter me incentivado. Eu chorei.

Estranhamente, essa não foi a última vez que ela me fez chorar, e não de uma maneira ruim. Ela conseguiu me enviar algumas mensagens durante os próximos trinta anos fazendo algumas observações sobre minhas "realizações" – entre aspas porque, inevitavelmente, realizar qualquer coisa nos negócios não era necessariamente o que ela ou muitos dos funcionários acadêmicos de Cambridge pensavam que era apropriado. A última mensagem dela foi quando fui agraciada com a CBE em 2014. Fiel à tradição, ela me parabenizou, mas depois conseguiu fazer eu me sentir com 19 anos de novo, dizendo que havia acompanhado minha carreira com "alguma surpresa".

Mas nunca subestime o poder de uma carta. Mesmo – se não ainda mais – na era digital.

Francamente, ela não foi a única que se surpreendeu. Minha carreira veio como uma surpresa completa para mim também.

Compareci à festa dela de oitenta anos, e ao me apresentar a outra pessoa, ela disse: "... e esta é Rita, que se tornou uma *Capitã da Indústria.*" A maneira como ela falou foi como se ela só tivesse ficado um pouco mais surpresa se eu tivesse me tornado uma assassina com um machado. Eu também deveria dizer que eu queria rir bem alto — não só por causa do comentário ridículo, mas também porque o próprio pensamento de que alguém se referiria a mim como uma Capitã da Indústria me fez querer uivar.

É uma história semelhante à de quando a honorável Virginia Bottomley, uma ex-ministra do governo britânico e com quem eu estive na diretoria da Cambridge Business School anos depois, perguntou-me casualmente durante um chá: "Então, Rita, o que você acha que fez você ter tanto sucesso?"

Não é falsa modéstia dizer que eu NUNCA me considerei muito bem-sucedida. Quando olhei para mim mesma em comparação com as pessoas que considerava *realmente* bem-sucedidas nos negócios, nunca senti que trabalhei o suficiente, fiz o suficiente ou alcancei o suficiente para merecer a palavra "sucesso".

Depois de uma discussão, nós concordamos que, na verdade, foi bastante útil nunca sentir como se você tivesse tido sucesso, pois isso proporcionou uma energia e um impulso constantes para fazer mais. Então, sim, isso pode ser verdade, mas, sinceramente, pode ser cansativo.

Sem querer ser muito clichê, a universidade foi uma experiência verdadeiramente transformadora e elevou meus horizontes. Não sei bem de onde e para onde, porque, para ser franca, não fazia ideia de quais eram meus horizontes ou para onde eu estava indo. Embora uma coisa estivesse clara para mim: eu precisava ganhar algum dinheiro. De preferência, uma quantia razoável e o mais rápido possível. Eu não conhecia o falecido e grande empreendedor Felix Dennis na época (poeta, editor e autor milionário de *Fique Rico! Você Pode!*), mas sua obsessão em correr riscos e "que se danem todos eles" teria sido um conceito estranho para mim.

Conseguindo o primeiro emprego: qualquer emprego...

O Cambridge Careers Advisory Service [Serviço de Consultoria de Carreiras de Cambridge, em tradução livre] naquela época era um caso hilário de amadores, porque, bem, pessoas sofisticadas tinham os contatos para entrar no mercado da cidade. (Eu nem mesmo sabia o que era aquilo a não ser uma caricatura... o que provavelmente foi bastante apurado, e definitivamente não envolveu mulheres de minha formação duvidosa.) Ou eles estavam indo para o Serviço Público, a BBC, a escola de teatro, ou possivelmente indo encontrar a cura para o câncer.

Minhas ambições eram bastante vulgares e vagas em comparação, e eu preenchia furtivamente formulários que realmente não pertenciam à sociedade educada de Cambridge na época: palavras como "marketing" eram mencionadas em um sussurro, e as distinções entre publicidade, redação, mídia e vendas eram totalmente indefinidas. E assim permaneceram, mesmo enquanto eu participava de feiras para graduados, indo a visitas e entrevistas, quando as melhores empresas de comércio do Reino Unido visitavam as chamadas melhores universidades oferecendo empregos aos graduados.

Aqueles eram os dias em que havia uma seleção ordenada de vagas de trainee e empregos, e a principal maneira de se preparar para entrevistas era tentar não ter uma ressaca. É muito mais difícil atualmente, com carreiras muito mais fragmentadas e frágeis, sendo que o único fator de alívio é que pelo menos você pode usar a internet para se preparar, ao contrário de usar arquivos empoeirados de antigas bibliotecas.

Durante minhas várias entrevistas, aprendi algumas coisas e fui grata a uma pessoa em particular que me entrevistou para uma função estagiária na Mars, parte do conglomerado americano Mars Inc, a empresa de chocolate e confeitaria.

Ele me perguntou por que eu queria a vaga de estagiária de vendedora (para ser honesta, eu realmente não queria – eu só queria o carro da empresa e o salário muito competitivo oferecido). Eu divaguei um pouco sobre gostar de vender, divaguei um pouco mais sobre a Mars ser uma empresa bem conhecida, divaguei mais sobre outras coisas. Foi outra resposta (desnecessariamente longa) a algumas perguntas perfeitamente simples e afiadas.

Seus olhos brilharam novamente, antes de dizer, não de forma grosseira: "Rita, sinceramente, você fala demais." Eu não acho que ele estava tentando me amordaçar por ser uma mulher combativa. Eu só consegui entediá-lo.

Doeu, porém, e eu me senti mal comigo mesma.

Mas usei o conselho em minha próxima entrevista, na qual alguns entrevistadores simpáticos do Páginas Amarelas (que costumavam fazer aquelas enormes listas telefônicas) estavam me perguntando sobre minhas motivações para vender publicidade em suas enormes listas telefônicas.

Eu disse: "Bem, acho que tenho jeito para vender, e estou interessada em publicidade."

E então eu me calei.

Eles ficaram tão surpresos com minha resposta afiada que deixaram de lado suas anotações, olharam uns para os outros, riram e então um disse: "Bem, essa é a melhor resposta que tivemos até agora." Eu não fui tão concisa em minhas outras respostas, mas me destaquei e eles me ofereceram o emprego. Eu não aceitei, mas aqui estamos nós.

Foi bom para o ego em um ponto assustador da vida.

A razão pela qual eu escolhi mídia/marketing no final foi porque:

a. eu não queria fazer mais testes (então adeus contabilidade, apesar do grande número de oportunidades);
b. eu não era academicamente brilhante o suficiente para fazer consultoria de gestão (nada de McKinsey, Bain, BCG);
c. minha mínima experiência de palco em balé e coreografia, combinada com o atendimento ao cliente em bares e lojas, poderia, estranhamente, ser apresentada de uma forma útil;
d. o que eu tinha conseguido ler sobre essa indústria fez com que ela parecesse interessante para alguém tão curiosa sobre as pessoas quanto eu;
e. e, acima de tudo, recebi algumas ofertas de trabalho reais.

Percebi que algumas das minhas experiências de trabalho com vários tipos de pessoas diferentes foram realmente bastante úteis. A combinação de Cambridge, chão de fábrica, um casaco de pele falsa emprestado e o uso de muita maquiagem para entrevistas pareceu realmente intrigante para alguns empregadores em potencial. Consegui acabar trabalhando para a agência de publicidade líder no Reino Unido na época (infelizmente, agora extinta).

Agora uma veterana de tentativa e erro em entrevistas, quando um dos entrevistadores me perguntou se eu tinha alguma pergunta, eu fiz uma pausa, olhei firmemente para ele e disse: “Então, eu sou alguém que você gostaria de ver trabalhando aqui?” Eu não sabia muito bem o que queria dizer, mas eu tinha me empenhado na ideia de dizer algo claro que sobressaísse. Ele ficou momentaneamente nervoso com a franqueza, mas se recuperou o suficiente para confessar que, sim, eu poderia muito bem ser o tipo de pessoa que eles queriam contratar naquele ano.

Em anos anteriores, talvez não tanto. Mas ele afirmou que agora eles estavam buscando uma maior diversidade.

Eu engoli em seco. Essa seria eu.

Eu posso ter pensado estupidamente que escrever era como sinalizar (ou seja, pôr a sinalização acima das lojas), e eu posso ter tido que pedir emprestadas roupas adequadas para a entrevista, mas eu estava dentro. Como gerente de clientes. E ganhando 4.001 libras esterlinas por ano (isso é cerca de 19,5 mil libras esterlinas hoje).

Encarando a realidade

Quando cheguei, rapidamente percebi o que era o trabalho de verdade e caí de cara no chão. Apesar de imaginar carinhosamente que a publicidade era um negócio glamouroso, minhas primeiras contas foram de marketing da Harpic e da Steradent. Limpadores de banheiros e dentaduras não eram bem o que eu tinha em mente, mas aprendi outra importante lição. Você pode se interessar honestamente por quase tudo. Quem diria que a psicologia do consumidor envolvida em ter um banheiro profundamente limpo para mostrar aos visitantes, e a sensação de estar com "um pé na cova" sobre conseguir sua primeira dentadura poderiam ser tão fascinantes?

A principal lição aqui é que, onde quer que você comece, você pode aprender muitas coisas que o beneficiarão em sua vida profissional. Por exemplo:

- como trabalhar com outras pessoas (com quem pode ou não ser difícil trabalhar);
- como se levantar de manhã — todos os dias;
- ser confiável;
- não se aborrecer mesmo que as pessoas não concordem com você;
- o que lhe interessa e o que lhe desgasta;
- toda a variedade de funções que estão disponíveis em uma grande variedade de empresas;

- não se cobrar muito sobre o trabalho perfeito – tudo pode ser muito arbitrário, pelo menos para começar;
- apenas comece algo em algum lugar, você sempre pode mudar mais tarde.

Pode ser um caminho longo e sinuoso.

Sempre fico encabulada quando me pedem para falar sobre temas como "a jornada de CEO", como se eu soubesse desde os sete anos de idade que eu iria dirigir coisas. Como muitas pessoas, minha carreira tem sido uma série de rodovias, estradas secundárias e alguns becos sem saída. Para começar, eu estava realmente sem noção, mas logo comecei a sentir que deveria ficar mais atenta para evitar ser demitida.

Você pode muito bem sentir que tem um plano claro, onde quer que você esteja em sua vida e carreira. Tudo o que eu diria é que, se você não tiver, não se estresse demais. Mesmo com um impulso mal definido para alcançar algo, as coisas tendem a acontecer.

NOTAS PARA SI MESMO

- Somos todos estranhos de algum modo – tente ver qualquer trajetória e experiência de vida que você tenha tido como motivação e material positivo (obtenha ajuda de livros, mentores, amigos ou profissionais se você mesmo não puder fazer isso).
- Se você não gosta que outros o julguem antes de entendê-lo, não faça isso com os outros. Ajudar as pessoas é um melhor uso de energia.
- Você pode começar sua vida profissional em praticamente qualquer lugar e se interessar pelas coisas mais inesperadas. Seja curioso sobre tudo e todos (inclusive você mesmo).

CAPÍTULO DOIS

Alicerce profissional

Sobre as primeiras lições na vida profissional, incluindo um pouco de marca pessoal

Se Cambridge foi uma experiência transformadora, trabalhar na Saatchi & Saatchi, a agência de publicidade, nos anos 1980, foi fora de série.

Meu primeiro emprego foi em uma agência de publicidade tradicional bem-sucedida. Tinha uma sala de jantar executiva na qual havia bebidas de aperitivo, seguidas de um longo almoço, várias taças de vinho e do cenário completo de bebidas sofisticadas e charutos. E sim, isso era ao meio-dia.

Eu era uma executiva júnior na época, mas quando os clientes vinham visitar a agência, eu estava autorizada a almoçar com eles. Em retrospecto, suspeito que, como uma jovem mulher na publicidade, isso era principalmente para fins decorativos. Isso pode ter sido ofensivo, mas naquela etapa eu achei normal. Depois desses almoços, não tenho ideia de como ficava acordada durante a tarde.

Na verdade, frequentemente eu não ficava. Meu ponto baixo era dormir no banheiro feminino quando eu não conseguia lidar com o ritmo da bebida. Enquanto, ao mesmo tempo, eu pensava: "Uau, toda essa comida e bebida é DE GRAÇA! Devo tirar o máximo proveito."

Ah, como as coisas mudaram.

Na maioria das empresas daquela época, como uma jovem mulher, a diversidade real era uma galáxia muito, muito distante. Se nada mais, a recente campanha #MeToo deveria nos dar energia extra para garantir que nenhuma outra jovem mulher (ou homem, aliás) tivesse que aturar o que tem tido que aturar enquanto tenta prosseguir em sua vida profissional.

As principais coisas que aprendi naquele primeiro trabalho "executivo" propriamente dito foram: era uma boa ideia cuidar dos clientes e das pessoas de todos os departamentos se você quisesse progredir; e quer gostássemos ou não, o modo como você se apresenta importa.

Falarei mais sobre essa "apresentação" em capítulos posteriores, mas obviamente quero dizer muito mais do que as partes "fixas" e superficiais da aparência. Também estou falando de como você usa sua voz para ser ouvido, como você se controla para ser escutado e como você "usa" suas habilidades e conhecimentos para construir confiança e empatia.

Vestindo a calça errada (ok, a saia errada)...

Pelos padrões de hoje eu me casei relativamente jovem. Minha lua de mel aos 22 anos tinha sido num raro feriado europeu e eu voltei muito bronzeada. Estava ansiosa para mostrar isso e me vesti de acordo. O diretor de RH foi bastante ofensivo sobre o que eu estava vestindo. Quando cruzei seu caminho no corredor, ele me olhou de cima a baixo e disse, não desagradavelmente: "Onde fica a praia?" Quando sorri alegremente, ele então prosseguiu com um sorriso fixo: "Provavelmente é bom pensar se isso é adequado para reuniões se você quiser se apresentar como executiva."

Parte de mim estava pensando: "Como você se atreve? Eu quero ser julgada por quem sou, o que penso, o que posso fazer, quem realmente sou." Mas, honestamente, levaria algum tempo para que eu tivesse o menor controle sobre qualquer uma dessas questões.

Foi um momento desconfortável e não algo que deveria acontecer agora. Mas eu mesma me garanti, guardando dois ternos. Eles de fato me fizeram sentir um pouco mais profissional e agir de acordo. Falarei mais sobre esse fenômeno irritante mais tarde.

Para todas as minhas preocupações, parecia que me saí bem o suficiente para atrair a atenção de uma agência de recrutamento. Esse recrutador estava procurando um gerente de contas em uma agência de rápido crescimento chamada Saatchi & Saatchi.

Despertando para a vida executiva real

Eu me vi sendo questionada por algumas pessoas terrivelmente brilhantes e cheias de vitalidade sobre confeitaria, cuidados com a pele e por que eu gostaria de trabalhar para a próxima agência de publicidade número um do mundo.

Mesmo a área de recepção oferecia uma energia completamente diferente da atmosfera agradável e sonolenta da minha empresa anterior. As pessoas entravam e saíam e caminhavam tão rápido pela recepção que tudo parecia acelerado. Essa foi a primeira vez que a noção de "marca" realmente voltava para casa comigo, se ao menos eu tivesse percebido isso na ocasião. É importante notar que você pega suas dicas e pistas sobre qualquer marca, seja agência de publicidade, varejista, banco ou encanador, de tudo que você vê e experimenta delas.

A atmosfera interessante da marca Saatchi foi um choque cultural em todos os sentidos depois do banho quente e confortável que era meu primeiro emprego. Eu tinha que me preocupar com dinheiro e administrá-lo, e sim, até mesmo fazer isso para a empresa!

Naturalmente, a Saatchi era uma empresa cotada na Bolsa de Valores de Londres e precisava de um controle financeiro o tempo todo. Eu apenas odiava a pressão e a carga administrativa – e também deveria estar administrando algumas pessoas.

Minha ansiedade e desajuste no trabalho foi aliviada ao sentar-me em frente a um cara aparentemente confiante e levemente inquietante, como o Heathcliff do livro *O Morro dos Ventos Uivantes*. Ele estava trabalhando na parte de chocolate da conta publicitária da Rowntree Mackintosh (que agora é a Nestlé, e suas marcas eram Quality Street e Rolo). Eu trabalhava nas marcas de "açúcar", como Fruit Pastilles e Fruit Gums. Era tudo bastante doce. Após alguns meses, percebi que eu deveria estar com ele e não com o outro homem muito simpático com quem me casei tão jovem.

Tudo isso se tornou um pouco traumático, além do estresse de um trabalho estressante, então deixei a Saatchi e fugi para uma ilha grega por alguns meses de férias de trabalho para "me encontrar". Talvez até mesmo escrever aquele romance que muitos de nós achamos que temos dentro de nós.

Acabei não escrevendo tais romances, mas descobri que olhar para um mar azul e cuidar de turistas estudantes me trouxe à razão. Na verdade, posso recomendar um período desse tipo de reflexão em algum momento, seja um ano sabático, férias de trabalho, retiro, o que quer que seja. Isso certamente coloca as coisas em perspectiva.

Tomada dois

Voltei ao Reino Unido e me mudei para a agência de publicidade J. Walter Thompson, que era então conhecida como a "universidade da publicidade". Essa foi uma abertura de olhos intelectual, se não emocional. Era a mais sofisticada de todas as agências de ponta da época, e eu me vi comprando pérolas falsas e blazers para me encaixar.

Se eu pudesse mudar meu nome de Rita para algo mais nobre, eu teria considerado seriamente a possibilidade de fazê-lo.

Mais tarde, no capítulo 6, vou analisar todo o conceito de "fingir", mas basta dizer que ninguém foi enganado e, embora as pessoas fossem principalmente muito amáveis, ocasionalmente eu me sentia como uma forasteira vulgar, disponível para entreter meus superiores.

Do lado positivo, alguns dos executivos seniores escreveram livros sobre coisas como, por exemplo, como funcionava a publicidade. O incrível Jeremy Bullmore (descrito pela *Campaign* como "o maior filósofo de Adland") foi presidente da empresa e me impressionou com seu intelecto. Havia um lendário estrategista chamado Stephen King – não o escritor de horror, mas igualmente aterrorizante – que havia escrito o livro original *What is a Brand?* em 1971. Intrigantemente, dizia em seu obituário do jornal *The Guardian* muitos anos depois: "Com suas imensas habilidades, Stephen era modesto até o ponto de duvidar de si mesmo. Uma vez ele disse que sentia a necessidade de se reinventar a cada sete anos, caso fosse descoberto."[1]

Ele era um deus em seu campo na época, mas a citação em seu obituário mostra que todos têm inseguranças, quem quer que sejamos e o que quer que as pessoas possam pensar de nós.

Eu me senti intrigada pelas pessoas especialmente inteligentes chamadas de planejadores. Eles se reuniam em uma área parecida com uma torre de marfim como "os escolhidos especiais" e tinham conversas sobre psicologia do consumidor, sobre o sucesso das comunicações sobre o que as pessoas *tiraram* da mensagem, em vez do que literalmente disseram. Essa foi uma pequena revelação.

Melhor ainda, o trabalho era escrever relatórios, fazer análises de clientes e ser um apresentador inteligente. Desesperada para me livrar da administração organizacional, que eu achava tanto entediante quanto estressante em meu papel de gestão de clientes, pedi para ser transferida para a equipe de planejamento. Eu não era necessariamente vista como a pessoa certa pelo chefe da área, mas ele relutantemente concordou em me dar um período de experiência; no entanto, cada fibra de seu ser sugeria que ele estava fazendo isso sob sofrimento.

Às vezes, pode ser muito útil usar a rejeição como um estímulo. A importância da bondade à parte, ainda há algo satisfatório sobre o sentimento de "se elevar" quando você está empenhado em seguir em frente.

Com um pouco de ressentimento, decidi procurar funções equivalentes em outras agências de publicidade, e acabei novamente na Saatchi & Saatchi. Sim, apesar da minha difícil saída de lá, eles tinham um ótimo emprego disponível em uma nova equipe e eu me reinventei em uma nova e mais inteligente estratégia.

Meus aprendizados dessa etapa da minha vida profissional?

a. Não se reduza pela rejeição, use o poder da raiva de forma positiva.
b. Utilize todas as experiências para se desenvolver de alguma forma; você precisa se expandir, mesmo que seja para descobrir que você está basicamente bem consigo.
c. Encontre algo em que você seja bom e realmente interessado.
d. Sua função pode ser em qualquer empresa interessante que pareça se encaixar com você.

Visão a longo prazo

A Saatchi "combinou" comigo nessa segunda vez. Eu encontrei meu passo assessorando empresas como Procter & Gamble, Cadbury Schweppes (agora Mondelez), British Airways, BP, British Telecom e até mesmo o Exército Britânico.

Foi um momento emocionante quando as organizações britânicas estavam descobrindo uma nova confiança e ambição em um cenário global. Como estrategista e planejadora, adorava poder ajudá-las a entender como poderiam influenciar seus clientes e públicos para ajudá-las a ter sucesso.

A filosofia "nada é impossível" da Saatchi também permeou a cultura, e eu conheci (e mais tarde contratei) alguns dos mais extraordinários talentos. Eu desabrochei de muitas maneiras, embora uma delas tenha sido um pouco surpreendente. Nove meses após recomeçar na Saatchi, descobri que estava grávida.

Os melhores planos...

Naquela época, você geralmente precisava ter trabalhado para uma empresa por um período mais longo para se qualificar para o pagamento e benefícios oficiais da licença-maternidade.

Um pouco de preocupação, para dizer o mínimo, e graças a Deus o mundo do trabalho se tornou muito mais esclarecido.

Felizmente, eu tive um bom desempenho até aquele momento e tinha uma chefe de departamento, mulher, muito solidária e filosófica sobre o evento que estava por vir. Isso contrastava com outra mulher sênior do departamento de mídia que descobriu que estava grávida logo depois de mim. Seu chefe, homem, teve uma crise de raiva e ameaçou despedi-la na hora. Isso foi em 1987. Ela sobreviveu depois de algumas severas palavras legais para seu chefe. Ele saiu logo depois.

Consegui que me oferecessem um acordo de maternidade bastante decente para a época. "Decente", então, a propósito, significava que se podia realmente esperar até que a placenta chegasse antes de voltar ao trabalho. Estou brincando, é claro. Eu tive todas as dez semanas de folga, pontuadas por chamadas de negócios, mas isso porque meus próprios sentimentos de obrigação me faziam sentir que eu deveria voltar ao meu posto o mais rápido possível. Eu tomaria decisões diferentes agora.

A negociação da maternidade foi ajudada pela coincidência de me ter sido oferecido um ótimo trabalho como estrategista pela Ogilvy & Mather (O&M), outra agência de publicidade líder. Para seu crédito, a O&M disse que não importava, que minha oferta ainda estava de pé e que o diretor-executivo me escreveria dando-me a garantia de que eles estavam totalmente comprometidos em apoiar minha licença-maternidade. O que ele fez. Que grande grupo e que grande cultura. Apesar do fato de que eu eventualmente decidi ficar na Saatchi por uma série de razões, nunca esqueci a generosidade e o esclarecimento da O&M e desejo o melhor para eles desde então, assim como os recomendei a muitas pessoas.

Segredos de culpa

Quando voltei ao trabalho, apenas dez semanas depois do que acabou sendo um parto traumático, digamos que não me senti muito bem nos negócios por um tempo. Entretanto, eu senti uma pressão para fingir que nada havia mudado, que a atitude deveria ser: "Ah sim, eu tive um bebê ontem, nada demais". Eu fui a primeira mulher de qualquer senioridade a sair em licença-maternidade e voltar em tempo integral, e senti um grande senso de responsabilidade. E para continuar a ser considerada para cargos seniores, senti que tinha que ser vista como esforçada e "presente" como meus colegas homens.

Embora eu nunca tenha considerado não voltar ao trabalho, provavelmente devido à minha própria experiência familiar e por ser absolutamente determinada a ser financeiramente segura e independente, me arrastar para longe do meu pequeno bebê foi honestamente uma tortura. Nem meu trabalho de longas horas, nem o do meu parceiro, permitia a flexibilidade de um berçário, não havia creches perto do trabalho (e, francamente, levar um bebê e todo o equipamento necessário para o centro de Londres na hora do rush?

Estávamos loucos?). Minha mãe estava a quilômetros de distância e mal conseguia lidar com ela mesma e com seu parceiro, que dirá com qualquer criança, por isso tinha que ser algum tipo de babá. Foi difícil pagar, mas as necessidades exigiam.

CHOROS NA CRECHE

Uma observação que tenho a respeito de todos os tipos de cuidados infantis é: garantir que você aplique suas boas técnicas de gestão às pessoas que ajudam a manter sua vida em andamento. Os supervisores da creche, os enfermeiros do berçário, os professores, as babás e tudo mais. Parece óbvio, mas eu nunca consegui entender por que alguém que era controlado e profissional no trabalho iria então para casa e soltaria seus demônios internos em cima de quem estivesse cuidando de seus filhos. Eles estão cuidando de seus filhos, pelo amor de Deus! Se há pessoas com quem devemos ser simpáticos, essas pessoas são elas! Mas, é claro, culpa, ansiedade e exaustão podem irromper de formas inapropriadas. De tempos em tempos, pensei que poderia explodir tentando administrar a frustração e as emoções em casa; era como se eu tivesse que "ter a melhor gestão de comportamento 24 horas por dia, sete dias por semana". Nem preciso dizer que o único punido foi meu pobre parceiro sofredor. Ou eu mesma. Tantas mulheres têm muito mais desafios tentando lidar com creches complicadas e/ou caras, e todas nós precisamos continuar lutando de verdade por provisão de qualidade e imaginativa — seja em novos tipos de locais de trabalho ou em práticas de trabalho mais flexíveis compartilhadas de forma justa entre homens e mulheres. É uma história sem fim.

Se há um final feliz para este período prolongado de fingimento, exaustão e culpa enquanto eu lutava para ser uma executiva, mãe e amante incríveis, é o seguinte: uma mulher da minha equipe me disse mais tarde que, como resultado de eu ter filhos como líder sênior do departamento, nunca lhe ocorreu que ela não conseguiria combinar trabalho e família. Ela terminou dirigindo um grande grupo de agências como CEO e era incrivelmente encorajadora com outras mulheres. E pelo menos agora há muito mais compreensão, mais tempo e mais reconhecimento de que não é só a mulher que tem que tentar e "fazer tudo".

O outro final feliz é que, anos mais tarde, quando meus filhos não podiam mais ser descritos como crianças e podiam ter uma conversa sensata, ambos disseram de maneiras diferentes que estavam orgulhosos do que eu havia conseguido fazer, e de fato sentiam que tiveram uma infância adorável. Tentei não levar muito para o lado pessoal que eu não estivesse presente muitas vezes naquela infância! Entretanto, tivemos muita sorte de encontrar — e com nossos salários combinados, capazes de pagar — algumas babás verdadeiramente adoráveis, que se tornaram parte da família. Tenho orgulho de dizer que elas ainda estão em contato.

Dito isso, meu parceiro e eu sempre tivemos ótimas férias e fins de semana só com as crianças, quando eu podia estar totalmente dedicada a elas. Espero que, desde que seus filhos saibam que você os ama incondicionalmente, muitas outras coisas da vida sejam controláveis.

No geral, neste ponto, a combinação da mudança de função para estrategista (eu era boa nisso!), a cultura da Saatchi (vá em frente!) e a maternidade (é realmente isso!) foi o que forneceu minhas principais bases para um maior sucesso no trabalho e na vida no futuro. Sem dúvida, ajudou que eu tivesse uma alma gêmea como parceiro. O homem que conheci na Saatchi & Saatchi ainda estava lá, embora ele às vezes reclamasse com pesar que os números armazenados no meu telefone eram, nesta ordem: casa/a babá; o escritório/meu assistente pessoal; ele.

Primeiras ideias sobre marca pessoal

Além da ambição e do pensamento criativo arrojado, outra coisa que observei na Saatchi foi a importância da marca pessoal. Eu não a chamava disso na época, e duvido que muitos outros também o fizessem, mas começou a fazer sentido o fato de que desenvolver um estilo pessoal distinto e uma perspectiva era importante para dar continuidade à carreira.

Maurice e Charles Saatchi, os famosos irmãos fundadores, foram exemplos interessantes disso. Maurice era taxado como o intelectual, a mente do negócio, aquele que usa grandes óculos. Essas eram suas marcas registradas. Ele também tinha um guarda-roupa de camisas brancas idênticas e ternos escuros, o que lhe dava um ar de frieza, inteligência e controle. Em contraste, Charles era o criativo louco, aquele com o cabelo selvagem, e tinha a reputação de gritar e arremessar coisas, mas uma brilhante força criativa e motriz.

Eles gerenciaram assiduamente sua imagem e a do negócio como uma marca unicamente ambiciosa e visionária. A revista *Campaign* (a revista da indústria publicitária) se reduziu a usar a mesma foto dos irmãos durante anos. Charles cultivava uma *persona* super secreta, nunca encontrando clientes, mas temido e admirado de longe.

Comecei a pensar mais sobre o que eu vestia — o que isso poderia dizer sobre mim e o impacto que poderia ter. Não era muito difícil, já que eu sempre gostei de roupas, só nunca tinha conseguido pagar muitas. À medida que fui ficando mais velha, pude adquirir algumas peças melhores, e isso me deu um pouco mais de confiança.

O QUE VESTIR?

Lembro-me do primeiro casaco de designer bastante caro que comprei quando estava de férias na Itália. Levamos algumas horas para dar uma olhada nas lojas. Sou abençoada com um (agora) marido que gosta muito de roupas e tem um olho aceitável. Vesti o casaco e foi uma revelação em forma, qualidade e aumento de confiança. A partir daquele momento, eu dei preferência a casacos. Também passei recentemente a preferir vestidos. Sempre achei que era bom ter uma característica interessante de algum tipo (cor, forma, um corte interessante aqui e ali) para não cair no departamento de uniformes corporativos convencionais.

Muitas pessoas gostariam de acreditar que todas essas coisas não deveriam importar.

Tudo o que posso dizer é que você nunca aconselharia um cliente ou empresário que é bom colocar seu novo produto fantástico em uma prateleira de supermercado em uma embalagem velha e maltratada e esperar pelo melhor. Sua aparência deve refletir e fazer justiça ao nível de qualidade e profissionalismo de seu trabalho com alguns toques distintos adicionais para refletir sua personalidade e seu estilo.

A propósito, isto se aplica a todo o espectro de gênero, mesmo que apareça de maneiras diferentes. Conheci tantos homens de todas as idades que não se apresentavam em seu melhor ângulo. A principal diferença é que as mulheres ainda tendem a ter mais elementos para administrar e, é claro, a serem julgadas por — opções de vestuário, cores, formas, mais cabelo, provavelmente mais maquiagem. Eu sei que todos nós estamos trabalhando na desigualdade disso.

Quando cheguei à Saatchi, eu não estava tentando fingir ser chique, excessivamente acadêmica ou intelectual. Eu podia ser um pouco atrevida, um pouco não convencional na maneira como me vestia. Era muito libertador. E se tornou uma marca registrada agradável. É bom se destacar um pouco, embora idealmente pelas razões certas.

Criando sua marca

Também me lembro de um dos primeiros livros sobre *Branding Yourself*[2] [Criando uma marca para si mesmo, em tradução livre], que foi escrito por uma mulher que costumava "encontrar suas cores" — ou seja, ajudar as pessoas a entenderem quais cores podem aumentar ou diminuir suas características. Foi um acontecimento e tanto nos anos 1990, quando uma deputada britânica chamada Barbara Follett ajudou a transformar a bancada de frente do Partido Trabalhista Britânico e os fez parecer apresentáveis e eletivos. Apesar de seu desdém inicial por tais superficialidades sobre o seu aspecto, tantos deputados aderiram que as pessoas começaram a notar.

Eu fiquei intrigada o suficiente para pagar sessenta libras por uma sessão. Foi honestamente um dos melhores investimentos que fiz em minha aparência, quando finalmente vi por que um terno marrom em particular que ficava ótimo no cabide sempre me fazia parecer exausta e pré-menstrual quando eu o vestia. É sobre o tom, veja, e as pessoas se dividem naquelas que ficam melhor com cores "quentes" e outras com o final "frio" do espectro de cores. Parece uma loucura, mas apenas tente. Isso diminui suas escolhas de guarda-roupa para opções mais viáveis, e você nunca mais precisará parecer como se tivesse virado a noite no banheiro novamente. A menos que isso tenha acontecido.

Além das cores, temo que aqueles clichês sobre se vestir para o trabalho que você quer versus o que você tem sejam particularmente verdadeiros. Trata-se de entender como as pessoas fazem julgamentos e decisões. Se você quer obter tanta influência, ser tão valorizado e valioso quanto possível, você precisa pensar em si mesmo como uma marca.

A verdadeira questão do branding

A maneira como eu vejo o branding é como uma ideia organizadora para empresas e instituições, assim como para as pessoas. Trata-se de como você faz tudo de uma forma distinta e que agrega valor a longo prazo além do processo e do custo do dia a dia. Isso pode se aplicar tanto a seres humanos quanto a organizações. Todos nós queremos ser tão valorizados e influentes quanto possível, e pelo máximo de tempo possível.

Claramente, muitas pessoas podem ficar penduradas na parte visível do "iceberg da marca", ou seja, a parte que você consegue ver acima da superfície. O nome da marca, a embalagem, os anúncios e assim por diante; para marcas "humanas", isso é o equivalente a nome, apresentação pessoal, roupas etc. Embora seja obviamente uma boa ideia que essas partes "visíveis" sejam apresentadas de uma forma que faça justiça ao que está por baixo, a longo prazo é a substância que conta. Seus valores, habilidades, conhecimento e ambição.

Mesmo o livro *Branding Yourself* tinha o subtítulo *How to look, sound and behave your way to success* [Como parecer, soar e comportar-se para o sucesso, em tradução livre]. A autora compreendeu o fato de que branding é tanto sobre o que você faz e o que você sabe quanto sobre sua aparência.

Isso tende a significar "não diga que você quer ser diretor-gerente se não estiver preparado para aprender a mecânica sobre como administrar um negócio". Não diga que você quer estar na sala da administração se não estiver preparado para aprender a linguagem das finanças (essa é atualmente a linguagem da sala da administração, que você deve entender mesmo que queira mudar as prioridades no futuro). Esteja preparado para continuar a renovar suas habilidades e conhecimentos em todas as idades — porque é sempre bom tentar parecer que você está acompanhando o ritmo da tecnologia e da vida à medida que o tempo passa.

UM POUCO DE MARCA PESSOAL PARA INICIANTES

Marcas fortes em qualquer setor precisam de três coisas:

1. **Clareza:** o que elas representam.
2. **Coerência:** como isso transparece em tudo o que elas fazem, dizem e sabem.
3. **Liderança:** que é tanto sobre quem dirige a organização e como eles simbolizam os melhores valores, mas também sobre inovação, inquietude e renovação.

Todas essas características podem ser aplicadas de forma útil na construção de sua marca pessoal.

Você tem *clareza* sobre o que é importante para você e no que você é particularmente bom? Você não precisa saber se quer ser CEO da Corporação X até os 35 anos de idade e talvez precise estar preparado para se comprometer em funções de curto prazo para descobrir mais sobre si mesmo, embora viver uma mentira a longo prazo seja prejudicial.

Você está se apresentando, se comportando e se desenvolvendo de uma forma *coerente* com o que você deseja? Sim, pense na sua aparência e como isso constrói uma manifestação convincente de quem você é. No que diz respeito às suas habilidades e aos seus conhecimentos, faça cursos e se desenvolva para ajudar a viver à altura de seu potencial.

E *lidere* sua própria marca desafiando-se regularmente para saber se você está feliz, satisfeito, aprendendo, permanecendo alerta. Seja curioso sobre o que está acontecendo no mundo e sobre a tecnologia. Mantenha seu olhar voltado para o futuro, bem como para sua função atual.

Se tudo isso parece cansativo... então pode ser. Estou dizendo tudo isso com o benefício de olhar em retrospectiva, e ainda me custa muito. Mas, claro, depende do que você quer fazer na vida, e com o que você vai ficar satisfeito. Há muito poucos empregos que pagam decentemente e bem, ou que têm influência e impacto reais, e que são livres de estresse e esforço. Você pode aproveitar ao máximo.

Dê o melhor de si. Mas faça-o de uma boa maneira.

Conseguindo fazer tudo

A propósito, no que diz respeito a "conseguir passar a vibe certa" e sua marca pessoal, nunca deixe ninguém pensar que ser desorganizado é de alguma forma bonitinho e criativo. Não é. É um peso nas costas para você e para todos os envolvidos. Eu sei, porque eu sou essa pessoa por natureza. Deixe-me contar as maneiras pelas quais isso voltou para me assombrar:

a. preocupações constantes sobre cometer um erro, inclusive ficar acordada deitada durante a noite com medo de ter esquecido algo;
b. relatórios de contato com cliente/atas de reuniões que você deixou para fazer depois e teve dificuldade para se lembrar do que foi dito;

c. contratos que você atrasou o envio e depois teve que alterar uma data para encobrir seu erro — ou precisou se humilhar pedindo desculpas;

d. da mesma forma, aprovações sobre qualquer coisa que envolvesse dinheiro e percepções gerais de incompetência administrativa;

e. não informar as pessoas a tempo de produzir dados, apresentações ou cópias para cumprir prazos, então você precisa implorar para que elas o ajudem.

Este é um momento em que você pode muito bem se sentir presunçoso por ser superorganizado, dar sempre muita atenção às pessoas e nunca, jamais desrespeitar prazos.

Você pode muito bem destacar as coisas em cores diferentes em sua agenda, de acordo com o dia que elas devem ser feitas — hoje, amanhã — ou seguindo um nível de importância estratégica.

Sua caixa de entrada do e-mail é organizada, prática e disposta de uma forma que faz todo o sentido.

Seu Slack é igualmente organizado.

Eu saúdo você.

Você também pode ser o tipo de pessoa que passa tanto tempo elaborando e destacando planos de projetos elegantes que você esquece que tem que fazer algo para que eles aconteçam. Sempre me impressionava a quantidade de pessoas que pareciam pensar que escrever um e-mail ou um documento equivalia a fazer isso. Infelizmente, o comportamento humano não é uma resposta automatizada.

Tudo o que posso dizer é que levou muito tempo e muito estresse (e um curso condescendente, mas eficaz de Programa de Eficiência Pessoal. Resumo dos conselhos: faça-o agora! O pior primeiro! Rápido! Você sabe que faz sentido...) para fazer com que eu percebesse que a procrastinação só torna as coisas piores, que é uma boa ideia manter listas e pequenos blocos de anotações. Tudo isso pode ser feito digitalmente agora, e há algumas grandes aplicações e ferramentas de eficiência on-line. Entretanto, desde que uma lista crítica de lembretes desapareceu do meu iPhone, aprendi a amar o físico novamente — Deus abençoe aqueles pequenos cadernos Moleskine.

A seguir, estão minhas principais dicas sobre estar organizado e ser tão eficaz quanto você pode ser. Mas também quero admitir que esse será sempre um trabalho em andamento para alguns. Um dos muitos estudos sobre as características de impostor sugere que a procrastinação é um sintoma comum.[3] Mesmo depois de tantos anos nos negócios, estas são tanto notas para mim quanto conselhos para os leitores:

a. Reúna todos os projetos e tarefas de todas as suas fontes em um só lugar.
b. Passe alguns minutos pensando sobre quais são os mais urgentes e/ou importantes. Realce-os, ou coloque-os em caixa-alta.
c. Divida-os em pequenos blocos de ação.
d. Vá em frente e faça. Apenas prossiga. Mesmo que seja apenas enviar uma mensagem pedindo mais informações a alguém. Antes de ir ao banheiro, ou fazer chá/café, ou fazer aquele pedido on-line/ter aquela conversa "vital".
e. Vá em frente e faça isso. AGORA. Priorize os que você teme primeiro.
f. Vá em frente e faça mais.
g. Sinta-se melhor. Então se envolva em qualquer distração em que você estava pensando antes, mas sem culpa.
h. Continue adicionando à lista principal, particularmente no final do dia. Continue fazendo os itens.

Tudo isso ainda é um negócio inacabado para mim, e ainda consigo me encontrar no equivalente a crises de vestibular para adultos de vez em quando. Mas ao contrário da maioria dos livros de autoajuda, que lhe dizem para concentrar-se apenas na sua felicidade/em acentuar os pontos positivos, acredito que você também precisa continuar trabalhando em suas fraquezas até o fim da vida. Ponha a casa em ordem.

NOTAS PARA SI MESMO

- Tente enxergar os erros, pessoais ou profissionais, como experiências de aprendizagem. Não pense nisso por muito tempo, a menos que seja uma terapia útil.
- Use a rejeição como um impulso. Ela pode ser um bom propulsor.
- O pensamento (adequado) da marca pode ser de grande ajuda para você pessoalmente, assim como para sua organização. Isso é tanto sobre habilidades e comportamento quanto sobre a aparência.
- Organize-se. Faça as coisas acontecerem. Continue a trabalhar em si mesmo.

CAPÍTULO TRÊS

Momentos cabeludos e resultados mais felizes

Sobre o poder estranhamente positivo do constrangimento

Neste capítulo, vou cobrir dois significados de "cabeludo". Tanto literal quanto simbólico, de dicionário e de gíria. Estes incluem algumas experiências pessoais sobre como o cabelo me afetou e também sobre os momentos mais gerais e assustadores na vida profissional que podem acontecer a qualquer pessoa e que têm a capacidade de desestabilizar ou reduzir você se não tiver cuidado.

O que eles têm em comum é que ambos podem causar constrangimento e também podem ser administrados sem deixar você louco.

"O cabelo é tudo. Gostaríamos que não fosse, para que pudéssemos realmente pensar em outra coisa de vez em quando. Mas é. É a diferença entre um dia bom e um dia ruim." Essa citação é da multipremiada série de comédia-drama Fleabag. Ela foi ao ar na BBC e no Amazon Prime a partir de 2016 e conta a história de uma jovem inteligente, mas conflituosa, que vive em Londres. Eu adorei completamente. Ela é repleta de momentos engraçados e comoventes, e um desses momentos é a cena em um salão de cabeleireiro. A irmã de Fleabag está constrangida por um estranho corte de cabelo em formato de "lápis" que ela acaba de fazer, e elas marcham de volta para o salão para reclamar. Em sua defesa, Anthony, o cabeleireiro, eventualmente retruca: "O cabelo não é tudo" e então Fleabag fala o sermão acima sobre como realmente é. Você pode ou não sentir isso profundamente.

Isso me fez uivar por uma série de razões, entre as quais a de que as menções a *bad hair day** podem, às vezes, desencadear revirada de olhos e até mesmo comentários na linha de "isso é tão superficial" ou "já não passamos dessa fase?", particularmente em situações de grupo. Mas tanto os dados de pesquisa quanto as intimidades honestas refletem a visão de mundo de Fleabag. Em conversas individuais, a verdade muitas vezes emerge.

O cabelo é realmente algo que tomou vida própria para mim, tanto simbólica quanto praticamente.

Não vou falar sobre complexidades de estilo aqui, mas refletir sobre as possíveis distrações do dia a dia de nossa suposta coroa de glória e seu impacto nos sentimentos e perspectivas. Mais uma vez, essa não é apenas a minha opinião. Aparentemente, cerca de oitenta por cento das mulheres admite que seus cabelos influenciam seu estado de espírito.[1]

Embora os estudos mostrem o quanto os homens são afetados por seus próprios problemas capilares, eles também confirmam que o cabelo parece impactar mais as mulheres. Isso geralmente é biologia, bem como costume. As mulheres tendem a ter mais cabelo do que os homens, portanto, mais coisas podem dar certo ou errado. Em uma observação mais sombria, estudos mostram que as mulheres se sentem desproporcionalmente mais impactadas pela queda de cabelo do que os homens.[2]

É significativo, seja qual for a forma como se olhe para ele.

---

* É uma expressão utilizada para dias em que o cabelo não fica arrumado do jeito que a pessoa quer e ela não se sente totalmente satisfeita com isso.

Bad hair day

Durante toda a minha infância, sempre tive cabelos muito compridos, passando da cintura. Chorava rios quando escovava o cabelo, aguentei dormir com panos no meu cabelo para competições de dança, fiz a habitual "experimentação" adolescente que fez minha mãe chorar, e depois tive vários tons de cores temporárias de cabelo ao longo dos anos, incluindo um período como uma improvável loira bronzeada quando vivi na Grécia no início dos anos 1980.

Mas a minha maior conquista no sentido "o que eu estava pensando?" foi um permanente de henna em meados dos anos 1980. Sim, eu sei que todos estavam fazendo isso, mas isso é como dizer que não há problema em seguir um efeito manada.

Foi particularmente ruim para mim, porque coincidiu com o meu tempo de peixe fora d'água na elegante agência J. Walter Thompson. Quase se podia ver os lábios se contorcendo com a clara falta de gosto. Mas o momento de coroação foi quando um cliente muito importante disse, de passagem, que eu tinha "cabelos ciganos". Isso estava obviamente na pré-história social, antes das pessoas insistirem, com razão, na linguagem socialmente inclusiva. Foi completamente inapropriado, mas, para ele, era uma expressão casual para sinalizar que, francamente, eu parecia desarrumada. E, de uma maneira codificada, que isso me impediria de seguir em frente.

Obviamente, no momento em que são feitas, observações como essa são dolorosas e tendem a ficar em sua mente se você for muito autocrítico. Mas elas também podem ser estimulantes úteis se você as usar da maneira correta. Você pode ocasionalmente sentir que quer quebrar algo ao receber "feedback", e tais comentários pessoais não são aceitáveis, mas posso dizer honestamente que esses momentos difíceis normalmente me ajudaram a progredir de alguma forma.

Então, embora eu estivesse magoada, olhando no espelho, tive que admitir que ele tinha razão — sobre a desarrumação, de qualquer forma. Decidi parar de me sentir aborrecida e aceitei a dica. Deixei de lado o corte inadequado, me livrei dos estranhos tons de henna e descobri que o substituto "castanho avelã" não falava por mim antes que eu entrasse numa sala.

Agora, eu sei que algumas pessoas podem estar pensando "ignore-os, apenas ignore" e, claramente, os estilos e padrões seguem em frente com as décadas e os costumes. Entretanto, eu não me sentia tão fortemente apegada à bagunça vermelha no meu cabelo a ponto de deixá-la atrapalhar a minha carreira. Eu absolutamente não estou dizendo que você precisa mudar a si mesmo para progredir, mas sim para refletir sobre a irritante realidade da condição humana: outros seres humanos serão sempre afetados pela maneira como você se apresenta.

A propósito, esse é até mesmo o caso em lugares como o Vale do Silício. Uma CEO descreveu recentemente como ela percebeu que precisava mudar sua cor de cabelo de loiro para castanho para ser levada tão a sério quanto ela queria e precisava enquanto levantava capital de risco. Ela recebeu muitas críticas por isso, mas diz que funcionou para ela.[3]

VOCÊ ESTÁ FALANDO COMIGO?

Quando pensar em sua própria marca, comece a pensar com quem você está falando. O que você quer e precisa deles para que pensem e possivelmente "comprem" de você, ou sejam influenciados por você?

Comece onde as pessoas estão — por exemplo, se elas são pessoas seniores em uma organização formal e olham para você como um aliado em potencial com sua administração ou diretoria, então elas precisam sentir que você causaria uma ótima impressão, que você melhoraria a reputação delas.

Se, é claro, você está feliz em ser visto como alguém criativo, ou como um rebelde/boêmio desajustado, então tudo bem. Isso às vezes é útil, mas somente se: a) você não estiver interessado em participar de diretorias; ou b) você já for tão veterano, tão conhecido e tão, bem, legal, que você pode definir o objetivo e não se preocupar com os outros. Exemplos disso incluem o falecido Karl Lagerfeld, Vivienne Westwood e Richard Branson.

A regra geral é: seja lá o que você decida que é certo para você e o que você está tentando fazer na vida e no trabalho, precisa parecer apropriado e como se você estivesse no controle de si mesmo e de seu objetivo.

Ajuda se o cabelo ajudar

É claro que há exceções. Lembro-me com uma dose de culpa, que, quando eu estava substituindo uma mulher sênior em um conselho, outro membro da diretoria explicou que essa mulher tinha sido uma banqueira de investimentos excepcionalmente poderosa e bem-sucedida. Isso, por si só, me fez sentir convenientemente ignorante. Ela havia subido ao topo em um negócio dominado por homens, antes de quaisquer dos debates atuais sobre a importância da diversidade e das mulheres nas salas de reuniões da diretoria. Essa mulher tinha cinco filhos. Eu era claramente uma preguiçosa no departamento de produção infantil, e isso fez com que meus dois parecessem pouco. A única coisa que esse membro da diretoria poderia me dizer sobre onde a banqueira de investimentos feminina tinha "ficado aquém" é que ela tinha um "cabelo bagunçado". Uma coisa estranha e ridícula a mencionar, mas, de uma maneira estranha e ridícula, tranquilizadora por saber que ninguém é perfeito.

Em geral, é bom para alguém como a maravilhosa Dame Mary Beard, professora de Clássicos do Newnham College, Cambridge, ter o cabelo ligeiramente excêntrico (embora até mesmo Mary confesse que adora sapatos). Mas parecer uma acadêmica inglesa única é uma parte intrínseca de sua marca pessoal. E ela é única.

Se você está tentando parecer que pode dirigir algo com profissionalismo e eficiência, parecer que não pode nem mesmo controlar seu cabelo é algo que a maioria das pessoas no mundo dos negócios não aceita.

Devo confessar também que, além do período vermelho e radical, houve muitas outras vezes em que meus cabelos não foram meu melhor patrimônio.

Particularmente, quando as crianças eram pequenas, eu trabalhava em tempo integral e me sentia despedaçada muitas vezes. Não só tinha pouco tempo, mas o custo da creche, hipotecas e da vida em geral significava que eu havia criado o econômico hábito de tingir meus cabelos eu mesma e ter apenas um ocasional corte profissional.

Vou chamar isso de minha fase Morticia Adams, pois meus cabelos ficaram progressivamente mais pretos, e mais foscos, sob o acúmulo da placa de tinturas baratas. Senti a necessidade de colorir meu cabelo porque a genética fez com que eu começasse a ficar grisalha cedo. Sem mencionar o efeito do estresse. Isso não quer dizer que você não possa ficar incrível com mechas grisalhas ou cabelos brancos na casa dos trinta anos, mas eu simplesmente não gostava disso em mim.

Somente anos depois e depois de algum trabalho sério de medidas corretivas com um ótimo colorista, percebi a enorme diferença que a questão da cor do cabelo poderia fazer. Vi uma foto da atriz e modelo Liz Hurley em uma revista, decidi que gostaria de ter algumas mechas cor de mel como ela fez e liguei para o salão mencionado no editorial. O relacionamento com o cabeleireiro perdurou contra tudo e contra todos.

Encontrei alguém com quem costumava trabalhar vários anos antes, e a pessoa me disse: "Uau, você parece muito mais jovem do que quando eu a vi pela última vez." Tenho certeza de que eram boas intenções, mas a maneira como isso foi dito sugeria que pensavam que eu parecia péssima da última vez, e que talvez eu tivesse "feito algo para melhorar". Eu não tinha, mas a cor do cabelo era claramente mais bonita. Provavelmente o fato de que meus filhos já estivessem em uma fase quase crescida naquela época e que eu estivesse dormindo um pouco, também ajudou.

Claramente, quando você é mais jovem, você pode se safar um pouco mais por causa da beleza natural da juventude e do brilho, e o deslumbramento pode compensar a menor renda disponível para o cabelo, maquiagem e roupas. Mesmo assim, pensar um pouco nisso ajuda.

Quando seu cabelo acaba com você

Hoje em dia, faço escova semanalmente tanto como um vício quanto como um prazer. Acho particularmente difícil eu mesma fazer isso na parte de trás. O mais alto que eu já ri de um filme de Harry Potter foi quando Hermione estava se vendo no passado em *Harry Potter e o Prisioneiro de Azkaban*. Ela estava com Harry e Rony em uma dimensão de tempo diferente. Tudo muito filosófico e importante para a trama, e os amigos de escola estavam destinados a discutir seu plano para salvar o dia, mas a primeira coisa que Hermione disse foi: "É *realmente* assim que meu cabelo se parece na parte de trás?"

Também sou grata pelo xampu a seco ter voltado à minha vida de tantas formas. Quando eu era adolescente, o xampu a seco era (quase literalmente) um super segredo. Já agora, o xampu a seco é uma ajuda para o estilo! Um revigorante perfumado! Uma parte indispensável da manutenção do cabelo para a mulher moderna! Acho que isso é o que se chama de grande renovação de marca...

Sempre olhei com inveja para aquelas mulheres que parecem nunca ter um defeito, que estão constantemente arrumadas e ajustadas nos lugares certos. Você pode superar, mas não tem que compensar pela metade. O importante é ter algumas graças salvadoras, fazer um esforço de todas as maneiras possíveis (para não parecer que você não se importa ou não consegue se recompor) e ter um senso de humor autodepreciativo sobre as outras coisas.

SUGESTÕES DE ESTILO

1. Se você encontrar algo/alguém que você gosta em termos de estilo de cabelo, copie. Isso é muito mais fácil hoje em dia com as mídias sociais.
2. É óbvio que tudo se resume a um gosto pessoal, mas vale a pena pensar no que você gostaria que este aspecto bastante visível da apresentação pessoal dissesse sobre você, e que o fizesse sentir.
3. Se você tiver roupas sob medida, você pode sempre optar por um penteado formal menos estruturado. Se você preferir roupas mais casuais, talvez equilibre isso com um cabelo mais ordenado. É apenas uma visão.
4. Faça do *xampu a seco* um amigo especial.

E agora, para outro significado de cabeludo...

Há momentos em toda a nossa vida profissional que podem ser eufemisticamente descritos como "momentos de aprendizagem intensa", quando as coisas correm terrivelmente mal. Eles são constrangedores no momento, mas com sorte não vão matar você e, de fato, vão torná-lo mais forte.

Depois de ter passado mais ou menos o primeiro ano no seu trabalho pensando: "Ah, é ótimo estar com pessoas interessantes e ajudar... e estou sendo pago por isso!", chega um momento em que você percebe que na verdade vai ter que prestar contas. Isso significa que se houver um erro em uma peça de comunicação pública, um erro ortográfico em um e-mail que acidentalmente muda o significado ou você se esquece de fazer algo dentro de um prazo, então é, sim, sua falha pessoal. E poderia custar dinheiro à empresa, a perda de um cliente ou de sua confiança, ou no mínimo você poderia receber um "feedback" indesejado.

Este sentimento de "eu preciso me preocupar com isso" nunca desaparece, em nenhum cargo ou em nenhum nível. Aplica-se quer você esteja em uma grande empresa, em uma startup ou em qualquer indústria. Empregos em que realmente não há estresse simplesmente não existem. Se você já pensou em desistir, mesmo fazendo um pouco de agricultura de subsistência e vivendo "fora do radar", isso também traz grandes estresses e tensões. Estou pensando no tempo, na lama e nos seres rastejantes arrepiantes. Ou pior ainda. Sinceramente, não há como fugir, e a questão é como lidar com o estresse e administrar os inevitáveis problemas.

SENTINDO-SE NO TOPO MESMO QUANDO VOCÊ NÃO ESTÁ LÁ

- Uma escolha deliberada do guarda-roupa que lhe dá a confiança de que pelo menos você tem uma aparência adequada.
- Um caderno decente para fazer anotações e manter pensamentos em um só lugar, ou talvez um aplicativo como Notability. Sei que algumas pessoas acham que os líderes não devem ser vistos fazendo muitas anotações, mas particularmente tenho uma memória como uma peneira e as necessidades devem ser atendidas.
- Uma postura confiante, respiração consciente e olhar fixo são tudo o que você pode usar para ajudá-lo no seu ar de seriedade. Mais detalhes sobre isso no capítulo "Vozes silenciadas".

Tenho alguns exemplos particulares de horror em reuniões que ainda me assombram e com os quais certamente aprendi algumas lições. Os erros são um rito de passagem necessário. E muito humanos.

Desapontando os outros

Maurice Saatchi (o próprio lord Saatchi) uma vez me pediu, bastante cedo em minha carreira, para cuidar de algo para ele. Era para fazer algumas pesquisas para um de seus amigos de negócios de alto poder, para ajudá-los a provar a eficácia de seu negócio de publicação de tecnologia. Pensei que tinha feito as coisas certas – identificar alguém de uma empresa de pesquisa dentro do grupo que parecia saber do que estava falando, informá-los, combinar o custo com o cliente e assim por diante.

O pesquisador na verdade parecia um acadêmico com barba, casaco de tweed e óculos grossos. Isso obviamente não era um problema em si, mas ele parecia um pouco deslocado com essas pessoas de alta tecnologia, que queriam apenas um conjunto claro e prático de insights. Ele fez devidamente o trabalho de campo, mencionando de passagem que havia um ou dois desafios, mas que havia descobertas interessantes. Eu deveria ter percebido essa bandeira vermelha.

Combinei a data de discussão de informações com o cliente, estava muito ocupada em outros projetos nesse meio tempo, depois apareci na reunião, não tendo visto a apresentação eu mesma. Imaginei-me como a facilitadora, a convocada, e não como a pessoa responsável pelo trabalho.

As primeiras palavras que o cliente disse num tom agradável e positivo foram: "Bem, estamos ansiosos por isso, e por ter uma direção clara!"

O pesquisador parecia um pouco envergonhado, arrumou seus papéis, limpou a garganta e disse: "Bem, na verdade, não, eu receio não poder dizer que há um resultado claro que você possa usar, e houve um problema com a amostra..."

Eu me desesperei e comecei a suar frio enquanto o rosto do cliente ganhava tons de vermelho... e para mim, como (na opinião dele) a parte responsável.

"O que você quer dizer com não há um resultado claro? Quer dizer que você pegou nosso dinheiro e essa pesquisa é inútil?"

Eu pensei: "Ai, meu Deus, isso é para Maurice! Eu estraguei tudo de verdade! Minha carreira acabou", e outros pensamentos tão felizes.

A reunião poderia ter parado ali, mas felizmente o pesquisador, tendo entregado a bomba de abertura, começou então a dizer que ainda havia algumas descobertas interessantes, mesmo que não fosse o que o cliente tinha realmente pedido.

A reunião prosseguiu, quase voltando aos termos de conversa, mas era possível ter cortado a atmosfera com uma faca e ficou claro que o cliente estava lutando para manter seu temperamento sob controle. As despedidas foram um pouco rígidas, para dizer o mínimo.

Ele talvez tenha se acalmado um pouco, porque eu não recebi meu aviso de demissão naquele dia. Mas Maurice Saatchi tinha uma maneira maravilhosa não só de fazer você se sentir bem se tivesse feito um bom trabalho, mas também de garantir que você soubesse se não o tivesse feito. Ele mencionou, de passagem, mais tarde, que "soube de alguns problemas com a pesquisa".

Seu desapontamento silencioso foi um impulso muito mais poderoso para melhorar do que ter alguém gritando, o que tende a fazer as pessoas entrarem em pânico irracional ou criar um inimigo que busca se vingar dele mesmo no futuro.

FAZENDO SUPOSIÇÕES

Eis o que aprendi, que pode ser de aplicação mais geral:

- Nunca suponha;
- Nunca suponha que alguém tenha feito exatamente o que você pensava ou queria até que você tenha conferido;
- Nunca suponha que a tecnologia vai funcionar, a menos que você tenha verificado antes;
- Nunca surpreenda as pessoas de uma maneira ruim, e particularmente não na frente de outros, quando elas deveriam saber o que está acontecendo;
- Admita os erros de forma oportuna;

- Certifique-se de pensar em uma solução para o problema e o que você vai fazer a respeito. Isso poderia incluir: renunciar ao custo, ser generoso em uma oferta de trabalho adicional e uma boa recuperação do serviço em geral. Ir além para compensar pode ser um excelente caminho para construir uma maior confiança em uma data posterior;
- Se, em algum momento, você quer ajudar outra pessoa a melhorar seu desempenho, tende a ser mais eficaz para as pessoas sentirem que podem ter decepcionado você, em vez de disparar gritos.

Anos mais tarde, tive a oportunidade de conhecer o cliente em um contexto diferente, e como um colega executivo sênior em oposição ao desequilíbrio de poder entre o cliente e a agência. Quando confessei o quanto eu estava preocupada com o incidente, ele expressou uma surpresa real de que era uma coisa tão grande para mim quando ele mal se lembrava disso. Ele disse que estava sempre irritado com as pessoas e que isso tinha sido muito suave em comparação.

Fica pior...

Mas a experiência mais cabeluda foi, sem dúvida, uma reunião de negócios com um certo empresário de alto perfil e multimilionário.

Eu o encontrava ocasionalmente nas recepções de bebidas da indústria. Às vezes trocávamos algumas palavras (ou melhor, eu falava nervosamente), mas sempre tinha a impressão de que havia muitas pessoas importantes com quem ele queria conversar. Provavelmente porque sempre houve.

Tendo lido sobre alguns dos desafios comerciais desta pessoa, pensei em deixá-lo com uma peça de prospecção de novos negócios. Para minha surpresa e deleite (ou assim eu pensei), ele ligou no dia seguinte, disse que gostaria de se encontrar e nós marcamos um horário. Minha equipe fez bastante trabalho de preparação para a reunião e desenvolveu algumas ideias.

Entretanto, cometi o erro de não fazer pesquisas suficientes sobre ele, ou sobre como realmente era lidar com ele nos negócios, e sobre o que ele poderia estar esperando ou procurando (essa regra de "nunca supor" de novo).

Fomos conduzidos ao seu escritório, que era suficientemente grande, e eu me senti incomumente intimidada e nervosa.

E, nossa, isso se mostrou quando me enrolei em minhas palavras. Eu me deixei levar completamente por suas constantes e agressivas respostas. Isso era, como eu deveria ter descoberto, seu estilo habitual. Eu sabia o que queria dizer, mas não conseguia fazê-lo.

A certa altura, ele se virou para seu companheiro e disse: "Bem, eu não sei o que ela está dizendo, você sabe?"

O auxiliar respondeu nervoso: "Não, não, não, não, eu não."

Eu acho que ele estava tentando ser engraçado, mas era humilhante e perturbador, ainda mais porque foi um esforço tão desperdiçado.

Então, o que eu aprendi com essa experiência?

a. Faça seu dever de casa sobre o cliente, seu estilo e sua cultura comercial, tanto quanto você faria sobre os desafios comerciais em si.

b. Prepare-se e ensaie para o que poderiam ser desafios e objeções.

c. Não se permita parecer muito nervoso. Mais dicas práticas sobre como fazer isso no capítulo "Vozes silenciadas".

E o que eu queria dizer para o cliente difícil?

a. Se você quer o melhor das pessoas, é melhor não as intimidar.
b. As reuniões não precisam ser uma demonstração de força machista.
c. Se você não for gentil com as pessoas, elas acabarão lhe virando as costas.

"Quem é você?" e outras gafes sociais

Uma vez eu estava em uma festa de negócios de grande influência e fui apresentada a alguém chamado Tom, que eu pensei ter reconhecido vagamente. Conversamos sobre como conhecíamos os anfitriões, onde morávamos e assim por diante, e eu comecei a perguntar o que ele fazia.

"Eu escrevo", ele disse.

"Isso é interessante", eu respondi.

Naquele momento, alguém se meteu em nossa conversa e o levou embora. Perguntei a outra pessoa quem era Tom. Eles olharam para mim como se eu vivesse na época das cavernas.

"Aquele é Tom Stoppard."

Digamos que foi meu momento cinematográfico de *Notting Hill*/Julia Roberts. Eu cometi o pecado capital de não reconhecer o maior dramaturgo vivo do Reino Unido em uma festa sofisticada. É bom continuar se esforçando com sua memória, em qualquer idade e etapa.

UM CASO DE IDENTIDADE ESQUECIDA

Também é bom lembrar que você nunca deve se sentir satisfeito consigo mesmo em nenhuma idade e etapa da vida e da carreira, nem tomar como certo que alguém possa notar você só porque você já está por aí há algum tempo.

Tinha conhecido um titã de negócios muito respeitado em várias ocasiões, em recepções comerciais, festas de amigos de negócios e jantares.

Na verdade, tive conversas bastante longas com ele.

Participei de um painel de conferência (de apenas três pessoas) com ele discutindo "o novo consumidor".

Naquele painel, ele até disse: "Eu concordo com Rita."

Mais recentemente, eu o vi duas vezes e disse olá.

Na segunda vez ele me deu um olhar tão "não faço ideia de quem você é", que eu até o ajudei com uma voz um pouco vacilante: "Hum, sou Rita Clifton..."

Ainda não houve absolutamente nenhuma centelha de reconhecimento.

Eu me senti tentada a dar-lhe meus próprios conselhos de "continuar se esforçando com a sua memória".

Às vezes, porém, você precisa aceitar sua própria insignificância.

Eu não tenho nenhuma pretensão de dar bronca nos outros, mesmo que isso NUNCA seja intencional.

Aqui estão mais alguns exemplos de eu querer que o chão se abra e me engula.

Estávamos fazendo uma apresentação para uma conta enorme.

Busquei o cliente na recepção e estava conversando sobre como nos orgulhamos de grandes relacionamentos dentro das equipes etc., e que tínhamos como objetivo alcançar quase uma sensação de família moderna.

Chegamos à sala e eu comecei a apresentar as pessoas. Chegamos ao diretor de design e de repente eu congelei com medo.

Minha mente estava em branco. Totalmente em branco.

Tentei rachar meu cérebro e visualizar o alinhamento de fotos da equipe. Tentei repetir uma conversa anterior com eles, como cantar silenciosamente através de letras de canções para tentar lembrar o cargo, esperando que o nome simplesmente surgisse.

Mas era tarde demais.

Eu estava até reduzida a usar a fala coloquial "Haha, coisas da idade", mas o dano estava feito.

Que impacto eu achei que isso teve? O cliente pensou que eu estava mentindo sobre a cultura de trabalho próximo, o designer estava chateado e tentava ser corajoso e rir disso. Foi um começo excruciante. Não recebemos o briefing, e o designer saiu logo em seguida.

Só posso pedir perdão a eles e tentar não deixar que isso aconteça novamente.

O que aprendi com isso, mesmo depois de muitos anos de trabalho, foi o seguinte: se você tem QUALQUER problema para lembrar de nomes, NUNCA, NUNCA se coloque para fazer apresentações. De preferência, faça com que as pessoas se apresentem. Com sorte, elas se lembrarão de quem são.

E é bom continuar esforçando-se para ser melhor — há muitas dicas e truques para lembrar os nomes das pessoas. Por exemplo, repita seu nome enquanto olha diretamente para elas, e use-o mais algumas vezes na conversa. Concentre-se. Associe seu nome e rosto a alguém ou algo que você conhece, como se alguém se chamasse George e fosse advogado, pense em George e Amal Clooney com os olhos de sua mente. Nunca subestime como esquecer os nomes e histórias das pessoas pode aborrecê-las e desencadear seus próprios sentimentos impostores. Lembre-se de como isso faz você se sentir quando é feito com você.

Uma confusão digna da realeza

Como outras histórias difíceis, foi difícil superar uma ocasião no Palácio de Buckingham. Eu estava presidindo uma instituição de caridade de conservação e tivemos a sorte de ter sua alteza real, o duque de Edimburgo, como patrono. Eu digo sorte, e ele foi realmente incrível.

Tínhamos recebido generosamente uma recepção no Palácio para voluntários, financiadores, patrocinadores e parceiros. A perspectiva de encontrar o Príncipe Philip havia sido um grande atrativo e eu tinha esperança de conseguir mais apoio para a caridade.

O que se tornou óbvio muito rapidamente foi que assim que o duque chegasse ao evento, como presidente eu idealmente o acompanharia pela sala, preparada para apresentar as pessoas, se necessário, e geralmente conduzir os círculos sociais.

Claramente, o Príncipe Philip está completamente habituado a esse tipo de circulação em salas. Eu não, e de repente percebi que não tinha me preparado o suficiente, não conhecia metade das pessoas na sala e certamente não tinha antecedentes suficientes sobre quem eram, ou que relacionamento tinham (ou que queríamos que tivessem) com a caridade.

Isto foi culpa minha, inteiramente.

Como resultado, tive que conseguir que o organizador principal da instituição de caridade me acompanhasse para que eu fizesse o mesmo com o Duque. Eles murmuraram para mim, eu murmurava na hora certa, espero, nessas conversas. Pensei que eu ia ter um ataque cardíaco.

Aprendizagem final da síndrome de "quem é você mesmo?":

- Prepare-se, prepare-se, prepare-se. Como se você estivesse revisando para uma prova;

- Novamente, memorize o rosto de alguém ligado ao seu nome (mesmo ligado a uma imagem memorável) e o diga em voz alta algumas vezes para que ele seja memorizado;
- Se você reconhece vagamente as pessoas, mas não tem certeza, não se envergonhe dizendo: "eu não conheço você?";
- Aprendi com um diplomata que você sempre precisa agir como se já tivesse conhecido alguém antes (por exemplo, dizer coisas como "bom te ver", em vez de "prazer em te conhecer"), e depois perguntar coisas como "como você está passando seu tempo no momento?" para te ajudar a dar pistas, assim como conversar. Você sabe o resultado.

Em geral, você só se encontra em situações cabeludas o quanto se permite estar e sentir. Basta aprender enquanto o cabelo volta a crescer. Você sabe que isso faz sentido.

NOTAS PARA SI MESMO

- Quer gostemos ou não, o cabelo e a aparência geral falam por si.
- É provavelmente bom fazer uma escolha deliberada sobre o que dizer.
- Nunca suponha que qualquer coisa está bem, a menos que você tenha verificado.
- Aprenda a lembrar-se dos nomes das pessoas e quando parar de tentar descobrir.
- Seja deliberado ou não, você sempre será um ninguém para alguém.
- Aprenda a rir, mesmo que com os dentes cerrados.

CAPÍTULO QUATRO

Números mágicos e estatísticas difíceis

Sobre o porquê de sem números = sem sala de reuniões

Em sua obra *Book of Numbers* de 2006, Shakuntala Devi afirma que:

> Muitos passam pela vida com medo dos números e irritados com os números. Eles preferem passar pela vida contando mal, calculando mal e, em geral, administrando mal seus assuntos mundanos do que fazer amizade com os números.[1]

Da mesma forma, Mark Twain tem muito a dizer na linha "mentiras, malditas mentiras e estatísticas". Eu sei que ele mesmo não disse isso, embora tenha dito: "Os números muitas vezes me enganam". Tudo isso dá a impressão de que, para as mentes elevadas, os números são de alguma forma suspeitos, inimigos da arte e da literatura. Que eles são para as classes vulgares, comerciais ou políticas, e servem para mistificar e manipular os outros.

É tão irritante quando essa visão desconfiada afasta as pessoas. Os números podem realmente ser seus amigos, e podem ajudá-lo a mudar radicalmente e melhorar as empresas e organizações.

Minha primeira revelação pessoal e prática sobre isso foi quando eu estava verificando pesquisas de consumo sobre quem usava um determinado xampu anticaspa; minha vida profissional não termina em glamour. O que os dados quantitativos mostraram foi a dramática diferença de uso e atitude entre aqueles que se descreveram como tendo "caspa pesada" e aqueles que apenas pensavam que tinham um "banho leve".

Basicamente, as pessoas imaginavam que a marca que eu estava cuidando continha o equivalente a ácido de bateria para retirar os flocos ofensivos, ou uma dose de supercola para manter a caspa colada. De qualquer forma, apenas as pessoas que pensavam ter um problema social grave com a caspa estavam preparadas para comprá-la regularmente. Um pouco de limitação comercial. O cliente ficou estranhamente impressionado com meus insights, também com o fato de eu lhe ter dado números como evidência significava que seus gerentes seniores iriam ouvir. Essa revelação levou a uma nova maneira de eles verem como anunciar a marca e desenvolver novos produtos capilares que eram embalados para que não parecessem que também poderiam ser usados para limpar as superfícies dos banheiros. Eu estava estranhamente satisfeita comigo mesma e a partir daquele momento sempre tentei encontrar algo interessante que os números estavam mostrando.

Mas, sem dúvida, os números mais influentes nos negócios ainda estão ligados a uma moeda forte.

O dinheiro, de fato, fala

Às vezes, eu gostaria de ter feito três anos de finanças e contabilidade quando deixei a universidade. Não que eu quisesse ser uma contadora de carreira, mas teria sido tão útil usar as finanças como língua nativa para administrar as empresas e a sala de reuniões. Tive que aprender isso com o tempo, principalmente quando me tornei CEO aos 39 anos de idade. No entanto, é um pouco como aprender uma língua estrangeira em uma idade mais avançada. Você sempre terá um sotaque peculiar e falará algo estranho.

Digo isto porque, quer queiramos ou não, uma grande parte da linguagem da sala de reuniões é financeira. E se você não falar essa língua, ou não vai chegar lá, ou não vai aproveitar ao máximo o fato de estar lá. O capítulo 5 entra em mais detalhes sobre isso.

Embora eu fosse decente em matemática na escola, também sofria com a estranha e inexplicável separação entre artes e ciência na escola superior (Leonardo da Vinci parecia misturar os dois sem agonizar sobre as escolhas de disciplinas). Fiz línguas nos exames de qualificação e na universidade e, por um tempo, esqueci como fazer qualquer outro cálculo que não fosse juntar dinheiro para evitar um cheque especial, embora essa não seja uma habilidade inútil.

MENINOS, MENINAS E NÚMEROS

Com base em um estudo britânico, aparentemente as meninas ainda não estão tão interessadas em estudar ciências na universidade quanto os meninos, apesar do aumento da popularidade das disciplinas de ciência, tecnologia, engenharia e matemática.[2]

Disciplinas mais populares para meninos:

1. Economia;
2. Direito;
3. Medicina;
4. Ciência da computação;
5. Matemática;

6. História;
7. Contabilidade e finanças;
8. Engenharia mecânica;
9. Psicologia;
10. Física.

Cursos mais populares para meninas

1. Psicologia;
2. Direito;
3. Medicina;
4. História;
5. Geografia;
6. Criminologia;
7. Inglês;
8. Obstetrícia;
9. Arquitetura;
10. Matemática.

O que também é interessante é que um estudo internacional diferente descobriu que, embora meninas e meninos em todo o mundo tivessem notas semelhantes em matérias científicas, por um estranho paradoxo, quanto mais um país tivesse igualdade de gênero (de acordo com o Global Gender Gap Index), menos meninas escolhiam disciplinas e profissões ligadas à ciência. Existem várias teorias em torno disso, incluindo que as mulheres em sociedades menos iguais pudessem ver tais profissões como o caminho mais claro para a liberdade financeira.[3]

Gostando ou não, a falta de facilidade com os números pode prejudicar sua influência. Se você depende de outros para lhe fornecerem dados, e/ou se você parece alérgico ou desinteressado no quantitativo em detrimento do qualitativo, você está procurando ter problemas, ou não deve ser levado a sério.

Isso obviamente não quer dizer que ter um ponto de vista apaixonado, aliado a uma grande criatividade e insights sobre as pessoas, a humanidade e o resto não são de vital importância — e são particularmente necessários agora no mundo. Eles podem levar os indivíduos mais longe. Mas provavelmente não até o topo, onde você está realmente controlando uma organização, ou seu próprio destino.

Ser realista significa conhecer os números

Como exemplo, lembro de um colega sênior que era uma pessoa de negócios bem fundamentada, que tinha sido abordado por um famoso grupo de moda de luxo para falar sobre ser CEO.

Essa pessoa disse que poderia estar interessada, mas na época eles tinham ouvido que o negócio estava perdendo dinheiro. Com razão, eles disseram que iriam querer conhecer o lendário fundador para ter certeza de que eles estavam a bordo com o que poderia ser necessário fazer para que o negócio voltasse à sobrevivência e à rentabilidade.

"Ah, não", disseram os diretores da outra empresa, o fundador não sabia das dificuldades financeiras em que o negócio se encontrava, e nem queriam saber. Eles só queriam se concentrar na "visão criativa".

O fato do fundador criativo ter produzido uma série de estações de moda inutilizáveis e ter perdido a direção estava fora dos limites. Tudo isso seria compreensível se o fundador estivesse preparado para viver em um sótão sofrendo por sua arte, mas não, eles queriam aviões particulares, suítes de hotel dedicadas e todos os adereços de um estilo de vida de luxo.

Meu amigo disse obrigado, mas não foi por eles.

Embora estivessem preparados para trabalhar com o fundador para obter confiança mútua e compreensão dos profissionais criativos e comerciais, eles não estavam preparados para viver no mundo da lua. Uma coisa é confiar em outra pessoa para administrar as finanças enquanto você continua com a visão; outra é a recusa em reconhecer a importância da realidade financeira. O fundador perdeu o controle porque não queria "perder sua alma" em números. Infelizmente, essa foi a falha deles.

O ponto principal

Você poderia nomear infinitas estrelas pop, bandas e artistas que "confiaram" em um empresário para organizar os negócios e as finanças enquanto o "talento" continuava com a música e a criação. Eles acabam naqueles programas "O que aconteceu com...", que apresentam celebridades que dizem não ter pensado em dinheiro enquanto o gastavam como estrelas do rock, até que seu empresário lhes disse que tudo tinha acabado... tendo fugido com uma porcentagem muito grande consigo.

Há uma razão pela qual pessoas como Mick Jagger (notoriamente parcimonioso com o dinheiro) e Paul McCartney (notoriamente sensato com o dinheiro) sobreviveram em relação a todos eles.

ESTE É O NEGÓCIO

Obviamente, há muitos livros escritos sobre os princípios e práticas-chave de fazer negócios e ganhar dinheiro. Eu reuni os seguintes pontos simples, geralmente úteis:

a) Você precisa ser capaz de *vender* produtos e serviços às pessoas por *mais do que custa* produzi-los (cabe a você, a seu modelo de negócios e a sua consciência decidir quanto mais);

b) Você precisa ter dinheiro suficiente *no banco* para pagar as pessoas e para as coisas que você precisa fazer no dia a dia: a falta de dinheiro é a principal razão para as empresas se afundarem;

c) Você precisa manter *registros verdadeiros* do que você está fazendo.

Finanças e contabilidade transformam o acima exposto em um sistema planetário e em um idioma estrangeiro próprio. Quer isso empolgue você ou não, você precisa ser capaz de ler um balanço patrimonial e compreender as declarações de renda e contas de administração, no mínimo.

Há muitos livros e cursos que ajudam pessoas não financeiras com finanças (vários guias para iniciantes, se você preferir, assim como versões mais avançadas), e você pode estudar a diferença entre EBT, EBIT, EBITDA, EBITDAR, ou até mesmo, OIBDA. No capítulo 5, incluí um guia básico de finanças para o caso de você ainda não estar familiarizado com o assunto. Quero apenas enfatizar que um investimento de tempo e esforço para compreender o dinheiro e as finanças pagará dividendos de carreira em todos os níveis. "Sem finanças" tende a significar "sem sala da diretoria".

Exposição ao núcleo do negócio

Meu rude despertar aconteceu quando me tornei CEO de uma grande consultoria de marca. Enquanto eu meio que entendia o básico dos negócios (veja anteriormente: nós essencialmente tínhamos que conquistar o máximo de negócios e renda possível, controlar os custos sem eliminar pessoas ou sistemas... e conseguir que os clientes pagassem suas contas), a primeira vez que meu diretor financeiro disse que os auditores queriam me conhecer, tudo o que pude fazer foi não perguntar por quê. Depois me sentei em uma reunião com eles enquanto eles falavam sobre a auditoria estar felizmente sem problemas, obtendo boa cooperação da equipe financeira, e que eles estavam felizes. Foi só mais tarde que entendi plenamente por que isso deveria ser tão importante.

Liderar um empreendimento é obviamente sobre gerar e fazer grandes negócios, mas também é sobre garantir que você possa mostrar (e provar) o devido bom processo. Você precisa gerenciar quaisquer riscos de forma responsável (como retração do mercado, segurança do cliente, saúde e segurança e assim por diante) e certificar-se de que ninguém está se entusiasmando exageradamente sobre quantos negócios você está fazendo. Mesmo que essas áreas não sejam do seu maior interesse pessoal, como líder de negócios você precisa ter certeza de sinalizar para TODOS os seus funcionários que o que eles fazem em *todo o negócio* é importante. Porque é – se você quiser ter dinheiro suficiente e ter uma reputação suficientemente boa para permanecer no negócio. Isso significa ter sistemas e controles financeiros que deem confiança a seus financiadores/bancos. E se alguma coisa der errado, lembre-se, está sob SUA vigilância.

O significado da gestão de números difíceis voltou para mim mais tarde, quando me tornei a diretora não executiva da FTSE.* Entendi que isso era fundamental para a agenda da diretoria e para ser legalmente responsável por um negócio, por isso fiquei grata pela familiaridade.

---

* FTSE: Financial Times Stock Exchange (Bolsa de valores do Financial Times).

Lembro-me também de uma reunião com o ex-CEO do grupo da empresa, que originalmente me havia contratado como CEO. Ele havia dito na época que sabia que eu não havia sido diretora não executiva/ CEO antes, mas que acreditava que eu poderia fazê-lo por causa de meus "outros grandes atributos" (falaremos sobre isso mais tarde) e que, de qualquer forma, eu teria uma excelente diretora financeira para me ajudar.

Este último ponto era apenas parcialmente verdadeiro, já que a brilhante diretora financeira estava na verdade grávida de gêmeos e estava a seis semanas da contagem regressiva. Eu fui, é claro, muito compreensiva e fiquei satisfeita por ela... mas, ai meu Deus!

Há cerca de um mês no cargo de CEO, tive outra reunião com o CEO do grupo, na qual ele me pediu para fazer a previsão. Foram algumas folhas de papel, repletas de números, que mostravam os usuais meses e ano até a data atual e a previsão dos próximos meses. De rabo de olho, pude vê-lo me observando cuidadosamente enquanto, bastante autoconsciente, eu apontava poucas coisas, concentrando-me principalmente na linha de frente e em novas perspectivas comerciais. Ele concordou com a cabeça, perfeitamente gentil, e então pegou sua caneta e passou a apontar: "sim, mas olhe para esses índices, aqueles gastos de marketing que eu deveria cortar agora mesmo se esses projetos não ocorressem ou se houvesse um problema com aquele cliente pagando contas" e assim por diante.

Ele havia trabalhado anteriormente em finanças corporativas e eu nunca seria capaz de competir com seu habitat natural. Ele estava, com tato ou não, tentando me ensinar a me preparar para futuras investidas da *holding*.

Quer eu gostasse ou não, percebi que teria que entender, interessar-me, e com ou sem uma boa diretora financeira ao meu lado, o dinheiro ficou sob minha responsabilidade. Então, jurei ali que estaria sempre preparada no futuro, em cima, em baixo e em todas as linhas intermediárias, e que tentaria ajudar os outros a serem assim também.

Se eu fosse honesta, ele estava certo em estar um pouco preocupado. Eu certamente poderia fazer o papel de "principal profissional" do trabalho de CEO de consultoria de marca e era boa em novos negócios e gestão de pessoas. Mas você precisa estar ciente dos números para ser CEO, seja qual for o negócio em que você esteja.

Em minha função anterior na Saatchi, eu fui promovida a vice-presidente e diretora de estratégia. Embora estivesse na equipe de administração mais alta e trabalhasse muito de perto com o CEO e CFO, minha função tinha sido a de ter uma visão de longo prazo do cliente e uma visão geral dos negócios. Era fácil dizer coisas como "isso não faz sentido a longo prazo/nós deveríamos estar investindo" etc. Como estrategista, você pode olhar para uma distância média digna quando as pessoas começam a falar de dinheiro, orçamentos e recebíveis (exceto o seu próprio, obviamente).

Mas, como CEO, você frequentemente tem vontade de dizer: "Esqueça o longo prazo, basta olhar para esses números mensais terríveis."

Sem um curto prazo bem administrado, você pode não *ter* um longo prazo. Embora, igualmente, se você não tiver uma visão estratégica de longo prazo, a atividade de curto prazo não está focada e é pouco provável que construa um negócio de valor sustentável. Manter essas duas partes em sua mente nas proporções certas é a essência de um bom CEO e de um líder empresarial de sucesso.

Se você precisar de alguma inspiração extra e incentivo na frente financeira, tente ler algo de Warren Buffet, o investidor mais bem-sucedido do mundo e sábio financeiro. Ele não tem se saído muito mal. E, aparentemente, o sr. Buffet passa oitenta por cento de seu dia lendo. Para entrar na mente do investidor bilionário, há mais de trezentos livros para escolher. Seu livro *Letters to Berkshire*

Hathaway Shareholders [Cartas aos acionistas da Berkshire Hathaway, em tradução livre] é um bom lugar para começar.

A importância de usar todo o cérebro nos negócios

Você provavelmente já ouviu falar sobre a teoria do cérebro esquerdo e direito, em que o lado esquerdo é supostamente mais racional e analítico, e o lado direito mais emocional e criativo. Embora essa teoria tenha sido questionada atualmente, não há dúvida de que algumas pessoas se sentem mais confortáveis com a lógica e o método na forma como trabalham, e outras com a intuição e o qualitativo.

Em termos de poder de análise e números, empresas como a McKinsey mostram que, se você tem provas baseadas em números e tem um olhar sério sobre estratégia, você pode conquistar o mundo. Os ex-alunos da McKinsey crescem à frente de tantas corporações ao redor do mundo.

Uma das principais razões de sua influência é sua análise rigorosa e forense, por meio de gráficos, números, cenários e projeções financeiras, e eles parecem manter segredos (uma parte crucial de sua marca). Eles são o equivalente corporativo de um porto seguro a uma criança.

Vale lembrar que, embora a análise totalmente racional pareça ser boa em uma sala de diretoria racional, ela não necessariamente descobre a realidade humana que pode fazer a maior diferença para o desempenho atual e futuro do mercado. Os humanos são, francamente, um pouco confusos, e não é uma má ideia ter pessoas um pouco "mais confusas" ao redor da sala de diretoria e da mesa de administração sênior (ou seja, pessoas que têm menos medo de falar sobre as coisas humanas) para garantir que isso seja levado em conta. Elas podem simplesmente não conseguir administrar a empresa.

Suavidade e rigidez nos negócios

A coleta e análise de dados on-line mudou o jogo desde os primeiros dias da pesquisa de mercado do consumidor. É mais fácil agora olhar para os "grandes dados" sobre o que as pessoas realmente fazem e o que poderia tê-las levado a fazer isso, sem precisar perguntar diretamente a elas. A questão é que os números (um pouco como "estes resultados saíram de um computador, então eles devem estar certos") são apenas tão bons quanto as suposições e os fatores que são colocados.

Digo tudo isso porque o lugar ideal para conquistar o mundo e persuadir as pessoas a torná-lo mais humano precisa tanto de números brutos quanto de intuição suave.

Na verdade, vá em busca disso.

Estou me enfurecendo ao dizer que a intuição é suave – é um pouco como dizer que o valor intangível é suave quando, para tantas empresas, é o maior motivador econômico. Isso faz o intangível parecer menos importante, quando pode muito bem fazer a maior diferença. A prática e a cultura empresarial podem muitas vezes tirar o fator humano e de intuição das pessoas.

Há uma série de respostas para esse dilema. Uma que achei particularmente útil foi a de ser capaz de valorizar as chamadas "coisas suaves". A coisa da marca, por exemplo. Isso pode lhe dar uma moeda totalmente nova para conquistar as pessoas.

Como estrategista em uma agência de publicidade (e particularmente uma como a Saatchi, com grande acesso a líderes empresariais), você passa muito tempo analisando o comportamento do consumidor e conduzindo grupos focais para tentar entender por que as pessoas (pensam que) fazem e escolhem certas coisas – e o que pode atraí-las. Basta ter em mente que o que sai da boca das pessoas não representa necessariamente o que está acontecendo em suas cabeças e em seus corações. Entretanto, você deve aplicar um pouco de psicologia e formas indiretas de obter suas opiniões reais (visite www.mrs.org.uk se você estiver interessado em saber mais sobre este assunto, conteúdo em inglês). Você deve equilibrar esse tipo de insight qualitativo com a pesquisa quantitativa; este último tipo analisa *quantas* pessoas pensam ou fazem isso, onde elas estão, sua demografia e atitudes etc., para que você possa desenvolver uma marca e uma estratégia de marketing que funcione na escala que você precisa.

No entanto, mesmo que você tenha dados quantitativos do consumidor para "provar" as preferências e o comportamento, você ainda precisa conectar isso com o desempenho comercial, particularmente com as métricas financeiras tradicionais básicas sobre o que está impulsionando a receita e o lucro. E, claro, isso também envolve decidir quanto uma organização deve investir em estratégia de marca e marketing.

Voando alto

Eu digo investir, mas de forma revoltante e reveladora, o marketing é classificado como uma despesa em vez de um investimento em termos de contabilidade.

Esta questão foi colocada em evidência quando eu estava trabalhando na conta publicitária da British Airways (BA) nos anos 1990. Naquela época, a BA tinha o mais alto perfil e a publicidade mais imaginativa de qualquer empresa aérea ou de viagens. Ela ganhou muitos prêmios criativos nesse período e todas as pesquisas de consumo confirmaram que fazia as pessoas sentirem que a BA era a companhia aérea mais especial e interessante do mundo. Mas a publicidade de "imagem" também cometeu um pecado capital no que diz respeito à métrica de receita a curto prazo: não parecia fazer os clientes embarcarem nos aviões na semana ou mês seguinte. Isso porque tendia a demorar mais para planejar viagens e decidir sobre destinos do que comprar uma nova pasta de dentes.

O fato de que a publicidade fazia as pessoas sentirem que estariam dispostas a pagar um serviço premium da BA, e que ela criava um círculo virtuoso de boa vontade e recomendação, foi perdido. A equipe financeira da BA na época disse que o orçamento de marketing devia ser radicalmente reduzido em favor da venda direta e das promoções, que poderiam ser medidas com precisão. Mas, na verdade, há um grande ditado atribuído a John Maynard Keynes que diz que é "melhor estar mais ou menos certo do que precisamente errado". Infelizmente, parece que as pessoas deixaram isso passar.

Por frustração, entrei em contato com uma consultoria de marca chamada Interbrand, que havia sido pioneira recentemente em algo chamado avaliação de marca. Isso considerava a marca como um ativo para um negócio e calculava quanto valia esse ativo em termos financeiros sólidos por meio de alguns fatores inteligentes que uniam os princípios de finanças e marketing.

O documento que eles criaram definiu as rodadas durante dois anos na BA e fez uma diferença na forma como a empresa via o marketing da marca — não como algo que era gasto anualmente na demonstração de resultados, mas como a alimentação de um ativo que precisava ser investido (assim como aviões, edifícios, dados de clientes e o resto). Mais tarde, foi implantado um novo regime de gestão e essas percepções foram deixadas de lado novamente. No entanto, foi um verdadeiro avanço na época.

Na verdade, foi um avanço tão grande para mim que mais tarde me juntei à Interbrand para poder levar "a marca como um ativo financeiro valioso versus uma coisa de comunicação de marketing instável e delicada" a muito mais organizações e a diretorias que tomavam decisões de investimento. Essa compreensão da marca para todas as empresas e diretorias ainda é um trabalho em andamento, mas a difícil conexão financeira de uma boa marca com os negócios fez uma enorme diferença — e aumentou a compreensão das pessoas de que construir uma marca é a melhor maneira de gerar influências e valores confiáveis e sustentáveis. (E o mesmo se aplica à sua própria marca pessoal também. Voltaremos a isso.)

Enquanto isso, um aprendizado desta experiência é que, se você encontrar um problema, uma causa, uma empresa que lhe dá uma enorme quantidade de energia, pense seriamente em juntar-se a ela e fazer isso.

Voltando à importância desses números novamente, há um outro exemplo curiosamente divertido que teve um impacto particular sobre mim.

A vingança dos nerds na indústria publicitária

Quando eu trabalhei pela primeira vez em agências de publicidade, elas eram o que se poderia chamar de agências de serviço completo. Oficialmente, isso significava que, se uma empresa fosse a uma agência de publicidade, ela obteria o serviço completo — estratégia, trabalho criativo, TV, imprensa e anúncios em cartazes, bem como algum design e inovação — e também uma equipe para planejar e comprar a mídia que você precisaria dos proprietários da mídia, como canais de TV, empresas de outdoors, jornais e revistas.

Acho que não estou revelando nenhum segredo quando digo que costumava haver uma hierarquia no mundo das agências. Basicamente, o departamento criativo eram os maiorais (ou assim pensavam eles, de qualquer forma) e achavam que deveriam ser tratados como tal. As equipes de gestão do cliente, de certa forma, dirigiam o local, mas apenas quando a equipe criativa permitia sem fazer reclamações. Os estrategistas (dos quais eu era uma) eram os que supostamente criavam pesquisas inteligentes, insights comerciais e estratégias que inspirariam um grande trabalho criativo e provariam que funcionavam, embora muitas vezes se sentissem subvalorizados.

Mas sem dúvida, a equipe mais subvalorizada e caricaturada era o departamento de mídia.

Eles eram o equivalente a pessoas com lápis e calculadoras em seus bolsos, e muitas vezes, naquele tempo, quando era permitido e até obrigatório fumar em qualquer lugar, os compradores de mídia tinham um cigarro pendurado na boca, ao mesmo tempo em que gritavam e trocavam insultos com os proprietários de mídia para conseguir o melhor negócio no espaço publicitário. Eles poderiam, então, fazer as pazes durante um longo almoço com bebidas. Na maioria das vezes, em novos negócios, a parte da mídia era deixada para o final da apresentação, e posso pensar em vários casos em que a agência ficou sem tempo enquanto passava séculos discutindo a estratégia e o trabalho criativo, e então poderia dizer desdenhosamente, "ah, é mesmo, a seção de mídia está no documento" — apesar do fato de que o pobre executivo de mídia poderia ter ficado acordado metade da noite se preparando.

Passados vinte anos, eles conseguiram sua vingança. Para tornar os negócios de agências mais lucrativos, os proprietários de agências começaram a dividir o trabalho criativo e o planejamento/compra da mídia em empresas separadas. E adivinhe quem ficou em primeiro lugar no equilíbrio de poder entre criatividade e mídia?

As equipes de mídia tinham os números, as estatísticas, os gráficos e o valor financeiro demonstrável. As agências criativas tinham a inteligência, as imagens e o glamour, mas perderam nos orçamentos e no equilíbrio de poder.

Não tão senso comum

Você não ganha pontos por estar "certo" nos negócios (ou na vida real em geral). E, acredite ou não, muitas pessoas com visões diferentes também acham que ELAS também têm razão. Você só recebe "pontos" por ser capaz de levar alguém ao seu ponto de vista persuadindo-o, de forma aberta ou sutil, a isso. As evidências ajudam.

Em uma era cada vez mais neurótica e com uma reputação cada vez mais temerosa, as pessoas precisam de provas concretas para dar-lhes a confiança necessária para agir. Porque, se você estiver dirigindo qualquer tipo de organização comercial ou sem fins lucrativos, goste ou não, você precisa justificar suas ações e ser capaz de defender suas decisões. No mundo organizacional de hoje, já não basta fazer apenas o que você acredita ser o correto. Você deve ser capaz de oferecer provas concretas disso, ou corre o risco de ser execrado, cancelado ou aniquilado na mídia. Mesmo assim, você pode não estar seguro.

Portanto, você pode continuar gritando que tudo é bobagem e se enfurecer contra os números, ou você pode simplesmente usá-los. É um "e" e não um "ou". É melhor superar qualquer pendência, pelo menos até chegar ao topo. E depois veja se você pode mudar as coisas.

Agora, um pouco de sexo...

Há estatísticas, e depois há os momentos em que os números falam mais alto do que as palavras. O que se segue pode ser algumas estatísticas sobre sexo, mas não há nada remotamente sexy nelas.

Tudo começou como um pedido simples para que eu falasse em uma conferência sobre bebidas alcoólicas e mudanças nos hábitos de consumo de álcool. O título que os organizadores me deram foi "Mulheres: o sexo maioritário" e me pediram para falar sobre como a comercialização de bebidas alcoólicas para as mulheres havia mudado e poderia mudar. Acho que eles estavam esperando alguma pesquisa sobre o que motivava as mulheres a beber, seguida de algumas ideias sobre a oportunidade de um melhor marketing de bebidas alcoólicas para as mulheres, finalmente seguida de algumas campanhas publicitárias engraçadas.

Minhas qualificações para isso eram que eu tinha trabalhado na empresa de vinhos Harveys Bristol Cream, e também, por contraste, para a marca de cervejas Castlemaine XXXX. (Se você se lembra, o slogan era "os australianos ligariam o XXXX para qualquer outra coisa".) E, minha principal reivindicação à fama da publicidade do álcool era que eu trabalhei em um anúncio famoso da Babycham.

Você pode ou não estar familiarizado com a Babycham. Quando eu era criança, parecia o auge da excitação no Natal que eu poderia eventualmente ter idade o suficiente para receber uma taça de champanhe especial do que então era chamado de "garrafa de champanhe genuíno", mas ele era feito de peras, em Somerset, no Reino Unido, e certamente não em Champagne, na França. No entanto, elas vinham em doces garrafas individuais requintadas com o famoso logotipo de um cervo saltitante, e quando digo doce, o líquido de fato quase parecia que estava destruindo seus dentes. O lendário bordão na propaganda era "Eu ADORARIA uma Babycham", geralmente dita por uma mulher irritantemente simpática, mas atraente, que recebia um drink oferecido por um homem gentil em um bar. Então, a magia acontecia com o cervo de desenho animado pulando e espalhando a alegria. Depois de anos de declínio, a nova instrução para minha agência em meados dos anos 1980 era que eles queriam mudar a percepção da marca, para um público ligeiramente mais velho e mais sofisticado.

A publicidade resultante foi bastante grosseira de acordo com os padrões atuais, mas apresentava um bar cheio e descolado, quando uma jovem moça com pérolas diz: "Eu adoraria uma Babycham". O lugar inteiro para e fica em silêncio enquanto as pessoas absorvem todo o horror social de alguém que pede uma bebida tão antiquada em público. Mas então... um cara com um visual moderno, com óculos de sol, estala seus dedos, e diz: "É, eu *adoraria* uma Babycham". Então, multidões de pessoas descoladas corriam para o bar clamando pelo líquido dourado e gaseificado de pera. Você entendeu. Foi um sucesso, as vendas dispararam, e eu me vi sendo convidada a falar em conferências.

E agora, para a coisa real...

Mas quando eu estava preparando minha apresentação para a conferência sobre bebidas, eu estava pensando no título "Sexo maioritário" e em como utilizá-lo. Sendo uma estrategista nerd, olhei para a premissa e pesquisei devidamente a porcentagem de mulheres na população. No Reino Unido, e em todas as nações industrialmente desenvolvidas, era verdade que as mulheres estavam em maioria. Mas, na verdade, isso ocorria apenas porque elas tendiam a viver mais tempo; havia tantos exemplos de mulheres mais velhas vivendo como viúvas, não tendo se casado por opção ou de fato nunca tendo se casado se não tiveram sorte no momento de perder uma geração de rapazes nas guerras mundiais. Diminuindo a faixa etária, os números de divisão entre os sexos eram bastante iguais.

Comecei então a perceber o horror total das estatísticas em outros lugares. Em locais como a China, a Índia e o Oriente Médio, os homens eram significativamente a maioria. Havia uma série de causas, mas alguns fatores-chave eram o aborto precoce relacionado ao gênero, o infanticídio feminino, mulheres morrendo no parto ou não recebendo a ajuda médica certa.

Havia, e ainda há, uma marcada preferência cultural, social e econômica por meninos e homens em algumas sociedades. Na China, cerca de 119 meninos nascem para cada cem meninas (e na Índia esse número é de 115 meninos nascidos para cada cem meninas, com economistas projetando que pode haver mais trinta a quarenta milhões de homens em idade de se casar em ambos os países até 2020).[4] Há alguns vilarejos na China onde não há nenhuma mulher.

Este desequilíbrio é tão grave que corre o risco de criar uma enorme agitação social e potencial violência cívica à medida que jovens homens com poucas perspectivas, seja de emprego ou de parceiras, fazem sentir sua presença. E, sim, eu sei que a Rússia segue no sentido oposto no equilíbrio entre homens e mulheres, já que os homens tendem a morrer jovens, muitas vezes devido a doenças relacionadas ao álcool.

No que diz respeito à conferência sobre bebidas, devo confessar que perdi um pouco meu senso de humor. Fiz o melhor que pude, mas, de repente, amar uma Babycham não era tão atrativo assim. Deixei de ver o sexo (igualdade sexual) como um assunto leve e engraçado, e comecei a sentir raiva. Tem sido difícil impedir isso desde então, mesmo que a raiva bruta seja mais moderada para o dia a dia.

Para todos aqueles que pensam que "vamos longe demais" na tentativa de discutir o poder, o salário e o equilíbrio social entre homens e mulheres no mundo desenvolvido, bem, há todo um outro mundo lá fora que precisa de alguma ajuda radical. Mostrar o que uma sociedade verdadeiramente igual, equilibrada e civilizada pode fazer como um exemplo deve ser o caminho a seguir.

Em um nível limitado, o que é decepcionante é que os homens ainda dominam os cargos superiores também em indústrias supostamente "esclarecidas". Ironicamente, enquanto as mulheres compram ou influenciam principalmente cerca de oitenta por cento das compras domésticas, inversamente, oitenta por cento dos departamentos criativos de agências de publicidade tendem historicamente a ser masculinos.

Os *Mad Men* ainda são um pouco loucos. As coisas precisam mudar e elas vão. Felizmente, tanto homens como mulheres estão agora trabalhando juntos nesse sentido. Hoje em dia, não se pode ignorar artigos e conferências sobre a importância da diversidade no marketing e na comunicação. Para o alto e avante.

É UM MUNDO DE HOMENS?

1. Doze trilhões de dólares poderiam ser adicionados ao PIB global até 2025 com o avanço da igualdade das mulheres.
2. Representação por papel corporativo por gênero e raça em 2018 nos Estados Unidos (relatórios diretos ao CEO): 68 por cento de homens brancos, nove por cento de homens de cor, 19 por cento de mulheres brancas, quatro por cento de mulheres de cor.[5]
3. Para cada cem homens promovidos a gerente, apenas 79 mulheres são promovidas a gerente. Os homens acabam ocupando 62 por cento dos cargos de gerente, enquanto as mulheres ocupam apenas 38 por cento.
4. Em 279 empresas, representando 13 milhões de funcionários, as mulheres representam apenas 23 por cento dos ocupantes do nível executivo e dos vice-presidentes seniores, 29 por cento dos vice-presidentes e 34 por cento dos que estão no nível de gerente sênior e diretor.
5. Se as mulheres participassem tão igualmente quanto os homens no local de trabalho, isso poderia impulsionar um crescimento de 28 trilhões de dólares — o tamanho das economias dos Estados Unidos e da China juntas. E, em média, haveria um aumento de 11 por cento no PIB global se cada país atingisse a taxa mais rápida de progresso em direção à igualdade de gênero em sua força de trabalho em sua região específica.
6. Em 2017, o Instituto Korn Ferry conversou com 57 mulheres CEOs — 41 que lideraram na Fortune 1000 e 16 de empresas privadas — a fim de determinar as características e competências das líderes empresariais femininas. Um traço

comum entre as mulheres CEOs era a tomada de riscos, a resiliência, a agilidade e a gestão da ambiguidade. Essas líderes também adotaram o trabalho em equipe entre seus funcionários e "tinham mais probabilidade de estimular outros para alcançar os resultados desejados".[6]

7. O MIT procurou determinar a composição das equipes de liderança mais eficazes e as considerou as melhores na leitura das pessoas; e essas eram as equipes com mais mulheres.
8. Jack Zenger e Joseph Folkman escreveram na *Harvard Business Review* em 2012 sobre suas pesquisas de mais de sete mil avaliações de desempenho de 360 graus que encontraram líderes mulheres superando os líderes homens em quase todas as 16 competências de liderança, incluindo a tomada de iniciativa e a condução para resultados, competências que são forças estereotipadas masculinas.[7]
9. O Instituto Peterson de Economia Internacional concluiu uma pesquisa com 21.980 empresas de 91 países e constatou que ter mulheres no nível executivo aumenta significativamente as margens líquidas.[8]
10. As mulheres deverão controlar dois terços de toda a riqueza dos consumidores nos Estados Unidos durante a próxima década, de acordo com o Fleishman Hillard.[9]

O dinheiro fala.

Quer queiramos ou não, o dinheiro é um grande caminho para o poder.

E estudos comprovam que as mulheres que ocupam os cargos mais elevados tendem a recrutar e apoiar mais mulheres e assim o círculo virtuoso pode acontecer. O que é animador é que os homens gostam do melhor equilíbrio no trabalho. Tudo isso é bom.

Estes são números mágicos, de fato. E para todos.

NOTAS PARA SI MESMO

- Os números são seus amigos. Certifique-se de que eles sejam amigos do peito.
- O dinheiro fala. Saiba como falar sobre isso (e faça, se quiser).
- As pessoas falam tanto pelo seu comportamento quanto pela boca.
- Saiba ouvir.
- A desigualdade nunca é boa. Continue a lutar contra ela (de uma boa maneira).

CAPÍTULO CINCO

O dinheiro fala

Sobre aprender o idioma chamado Finanças

Este capítulo foi concebido ligado ao anterior, mas logo desenvolveu vida própria.

Isso porque o dinheiro e as finanças tendem a ter seu próprio mundo e idioma especiais, mesmo que seu uso seja universal.

Talvez você já seja um gênio dos números, já tenha passado por testes e possa encontrar seu caminho em relação às demonstrações financeiras como Warren Buffet. Nesse caso, você pode avançar rapidamente neste capítulo. Caso contrário, continue lendo para um breve, mas esperançosamente apurado, resumo dos princípios e termos contábeis.

Eu deveria apenas prefaciá-lo com um aviso de saúde de meu "conselheiro financeiro". Eles gostariam que eu dissesse: "As exigências específicas de relatórios e a frequência variam dependendo do tamanho da empresa e se a empresa está cotada." (Eu me concentrei nas empresas "cotadas publicamente" — ou seja, aquelas em bolsas de valores — porque você pode encontrar exemplos facilmente.) Então agora você sabe...

O básico

As empresas precisam fazer dois tipos principais de relatórios financeiros para ter certeza de que elas saibam:

a. o que está acontecendo com o negócio e suas finanças;
b. como se manter fora da prisão produzindo contas formais que são arquivadas na Companies House do Reino Unido, ou outros equivalentes nacionais.

Esses dois tipos de relatórios são chamados (respectivamente e de forma útil) de *Contas Administrativas* e *Contas Financeiras*. As Contas Administrativas são criadas para a administração de uma empresa e as Contas Financeiras são criadas para investidores, credores e reguladores da indústria.

- **Contas Administrativas** são apenas para uso interno e dão à administração um resumo regular, mês a mês, do que está acontecendo com as vendas, custos, lucros, dinheiro etc. Elas podem dar muitos detalhes por região, produto, unidade de negócios etc., avaliados em relação a orçamentos e previsões. Você só precisa de uma planilha ou modelo decente para isto (e/ou, idealmente, um contador ou departamento financeiro amigável).
- **Contas Financeiras** estão muito mais preocupadas em informar as pessoas de fora sobre o desempenho comercial e a saúde financeira da empresa — elas são altamente regulamentadas. Ao contrário das Contas Administrativas, nenhuma previsão futura é permitida nessas declarações legais — o que é bom, já que os planos de crescimento às vezes podem ser uma fantasia da gestão...

A seguir, o foco está principalmente nas contas *financeiras* publicadas, porque é o material pelo qual as diretorias são legalmente responsáveis e, portanto, particularmente interessadas. São também o que as grandes firmas de contabilidade como PwC, KPMG, EY e Deloitte estão focadas em auditar. E é aqui que reside o jargão principal.

As formalidades

Relatórios e contas anuais da empresa

Os **Relatórios e Contas Anuais da Empresa** são publicados anualmente, alguns meses após o final do exercício financeiro dessa empresa (geralmente 31 de dezembro, mas fica a critério da empresa). Esses relatórios são boas fontes para entender o que a liderança sênior de uma organização diz que a empresa está fazendo e o que está realmente acontecendo nos números. Mas ao longo dos anos, o relatório anual publicado tornou-se, francamente, mais um documento de marketing incorporado às contas financeiras. É obviamente adorável ver as fotos do presidente e do CEO e ouvir suas declarações sobre a organização ter um propósito forte, grande foco no cliente e programas de bem-estar para os funcionários e comunidades locais, ou mesmo ouvir que eles estão "investindo para o crescimento futuro", "encontrando eficiências" e assim por diante. Mas ao se colocar no papel de "contador temporário", você precisa ser o detetive forense.

Demonstrações financeiras

Há três demonstrações financeiras principais para contar o que está acontecendo no mar de números financeiros. Estes são a *demonstração do resultado do exercício*, o *balanço patrimonial* e a *demonstração de fluxo de caixa*:

1. A **demonstração do resultado do exercício – DRE (ou demonstração de lucros e perdas)** é uma lista das *receitas de vendas* que você está (esperançosamente) obtendo, e as *despesas* (por exemplo, custos fixos) que você incorreu com o negócio (como salários dos funcionários, viagens, marketing, escritórios, TI e outras instalações e equipamentos, coisas chatas, mas necessárias, como seguros etc.). Espera-se que as vendas sejam maiores do que os custos fixos, o que lhe dará alguns *ganhos* (por exemplo, lucros) sobre os quais o imposto deve ser pago.
2. O **balanço patrimonial** lhe diz quanto você tem ou possui (*ativos*) e quanto você deve (*passivos*) a partir da data do balanço patrimonial. Ao contrário da DRE, que é a receita acumulada e os custos incorridos durante o período indicado, o balanço patrimonial é um recorte em um determinado momento. Normalmente é estabelecido no final do exercício financeiro da empresa, mas também pode ser visto a cada um, três ou seis meses (ou em qualquer dia, se você realmente quiser). Se você subtrair o total de *passivos* do total de *ativos*, o que resta é o *patrimônio* líquido da empresa. (Se você adicionar o total de *passivos* ao total do *patrimônio líquido*, isso somará ao total de *ativos*. É por isso que se chama balanço patrimonial... porque ele se equilibra). Tente não confundir "patrimônio líquido" com a avaliação ou capitalização de mercado de uma empresa (por exemplo, o que os investidores acreditam que vale a pena pagar, ou comprar ações dela). Nos primeiros dias de um negócio, ou quando ele está passando por um período difícil, *passivos* podem ser maiores do que *ativos*, nesse caso, o *patrimônio líquido* será negativo com parênteses em torno dos números, já que os acionistas estão essencialmente bancando a empresa naquele momento.

TABELA 5.1 Exemplo de Demonstração do Resultado do Exercício

Demonstração do Resultado do Exercício do Grupo		
EMPRESA X — APENAS ILUSTRATIVO	**52 semanas terminadas 31-Dez-19 Total £m**	**52 semanas terminadas 31-Dez-18 Total £m**
Receita total	91.819	84.310
Custo das mercadorias/ vendas	(59.602)	(52.279)
Lucro bruto/(prejuízo)	**35.217**	**32.031**
Gastos		
Pesquisa e desenvolvimento	(4.451)	(3.902)
Venda, geral e administração	(4.140)	(3.815)
Depreciação e amortização	(1.057)	(968)
Total de despesas operacionais	(9.648)	(8.685)
Lucro operacional	**25.569**	**23.346**
Receita financeira	885	1.160
Custos financeiros	(536)	(600)
Ganhos/lucros (prejuízos) antes de impostos	**25.918**	**23.906**
Impostos	(3.682)	(3.941)
Lucro/(prejuízo) do ano	22.236	19.965

Lucros/(prejuízos) por ação		
Básico	5,04	4,22
Diluído	4,99	4,18

TABELA 5.2 Exemplo de Balanço Patrimonial do Grupo

Balanço Patrimonial do grupo		
EMPRESA Y — APENAS ILUSTRATIVO	**31 de dezembro de 2019 £m**	**31 de dezembro de 2018 £m**
Ativos não circulantes		
Títulos comercializáveis	99.899	105.341
Propriedades, instalações e equipamentos	37.031	37.378
Outros ativos não circulantes	40.457	32.978
Total de ativos não circulante	177.387	175.697
Ativos circulantes		
Caixa e equivalentes de caixa	39.771	48.844
Títulos comercializáveis	67.391	51.713
Contas a receber líquidas	20.970	22.926
Inventários	4.097	4.106
Fornecedores de créditos não comerciais	18.976	22.878
Outros ativos circulantes	12.026	12.352
Total de ativos circulantes	163.231	162.819

Ativos totais	340.618	338.516
Passivo circulante		
Contas a pagar	45.111	46.236
Outros passivos circulantes	36.263	37.720
Receitas diferidas	5.573	5.522
Título comercial	4.990	5.980
Dívida a prazo	10.224	10.260
Total do passivo circulante	102.161	105.718
Passivo não circulante		
Dívida a prazo	93.078	91.807
Outros passivos não circulantes	55.848	50.503
Total não circulante	148.926	142.310
Passivos totais	251.087	248.028
Ativo líquido	89.531	90.488
Patrimônio líquido		
Capital social	45.972	45.174
Lucros retidos	43.977	45.898
Renda acumulada e abrangente	(418)	(584)
Total do patrimônio líquido	89.531	90.488

3. A **Demonstração de Fluxo de Caixa** informa quanto dinheiro entra e sai do negócio. Isso pode ser:

a. Dinheiro ganho do que você está realmente vendendo;

b. Dinheiro proveniente de investimentos (por exemplo, material mais permanente, como edifícios e grandes equipamentos *versus* material que você usa todos os dias, por exemplo, estoque comercial, inventário);

c. Dinheiro emprestado do banco/investidores.

TABELA 5.3 Exemplo de Demonstração do Fluxo de Caixa do Grupo

Demonstração do Fluxo de Caixa do Grupo		
EMPRESA Z — APENAS ILUSTRATIVO	**52 semanas de 2019 £m**	**52 semanas de 2018 £m**
Fluxo de caixa operacional		
Lucro líquido	2.153	1.839
Mais depreciação e amortização	1.375	1.295
Menos mudanças no capital de giro	(886)	175
Dinheiro gerado pelas operações	**2.642**	**3.309**
Juros pagos	(306)	(328)
Imposto sobre o rendimento (pago)/recebido	(370)	(176)
Caixa líquido das operações	**1.966**	**2.805**
Investimento de fluxo de caixa		
Investimentos em imóveis e equipamentos	(1.143)	643
Dinheiro proveniente de investimentos	**(1.143)**	**643**
Financiamento do fluxo de caixa		

Caixa líquido gerado pela emissão (reembolso) de dívida ou patrimônio líquido	(1.981)	(3.236)
Dinheiro de financiamento	**(1.981)**	**(3.236)**
Aumento (redução) líquido em dinheiro	(1.158)	212
Saldo inicial de caixa	4.059	3.832
Efeito das variações da taxa de câmbio	15	15
Saldo de caixa final	**2.916**	**4.059**

Como disse no capítulo anterior, o dinheiro é rei ou rainha.

4. Olhando para essas três declarações juntas, para qualquer uma das empresas, aqui estão algumas coisas a serem observadas:
   a. Crescimento consistente dos *ganhos* (lucro) ao longo do tempo; carregar níveis razoáveis de *dívida*; e não ter que continuar gastando níveis enormes em "pesquisa e desenvolvimento" para sobreviver (a menos que o negócio esteja em seus estágios iniciais). Se você fosse Warren Buffet (que gosta de investir a longo prazo em empresas), você estaria olhando para essas medidas como sinais de uma "vantagem competitiva durável" a longo prazo.
   b. É bom (para dizer o mínimo) olhar para as *margens de lucro bruto e operacional*:
      i. você calcula a *margem bruta* analisando a conta de lucros e perdas/Demonstração do Resultado do Exercício. Divida o *lucro bruto* pela *receita total de vendas*, e isso lhe dá uma

porcentagem de margem de lucro bruto. Quanto maior a margem bruta, mais dinheiro sobra no negócio para cobrir despesas fixas e lucro. É importante ver margens consistentes ou que melhoram, enquanto margens decrescentes exigem uma explicação.

ii. a *margem operacional*, ou seja, a linha de fundo, é *o lucro operacional* dividido pelas *receitas*. É importante comparar as margens com seus concorrentes do setor. Os varejistas têm margens menores do que as empresas de produtos de giro rápido ou mesmo empresas de software. Da mesma forma, as empresas de "alto crescimento" geralmente têm margens operacionais muito menores do que aquelas com crescimento estável e razoável. Os que crescem rápido frequentemente dizem que estão "investindo no crescimento". Se esse for o caso, você deve entender no que eles estão investindo!

c. Você precisa manter as *despesas* (custos) sob controle. A consistência ao longo do tempo é a chave.

d. Reconheça que as demonstrações financeiras cobrem apenas as coisas que os contadores sentem que podem medir e capturar (razoavelmente) com precisão. Por exemplo, o valor das marcas não é refletido nas demonstrações financeiras, exceto quando uma empresa adquiriu outro negócio que possui uma ou mais marcas; quando isso acontece, enquadra-se na categoria de "bens intangíveis".

Um pouco ridiculamente, isto significa que com uma empresa como a Coca-Cola, mesmo que a marca seja o que a torna uma empresa excepcionalmente valiosa (refletida no preço das ações e na capitalização de mercado), você não saberia explicitamente que era a marca em ação a partir das demonstrações financeiras. É preciso observar as evidências circunstanciais e o fato de que ter uma marca forte gera demanda e, junto com ela, margens consistentemente altas, baixo endividamento e menor necessidade de altos níveis de investimento em P&D. O epítome da "vantagem competitiva durável" de Warren Buffet. A contabilidade tem seus limites, assim como seus (necessários) usos.

Outros termos que você pode querer conhecer

Depreciação	Os ativos tangíveis/físicos, como edifícios e equipamentos, são considerados "desgastáveis". É preciso reconhecer o valor de redução desses ativos no balanço patrimonial. Isso é chamado de *depreciação.*
Amortização	Segue o mesmo princípio de "desgaste", mas aplicado aos ativos intangíveis, como patentes, nomes de marcas, listas de clientes, software etc. No entanto, o ideal é que estes não se reduzam em valor — basta distribuir o custo ao longo do tempo e refletir isso no balanço patrimonial.
EBIT (lucro antes de juros e impostos) e EBITDA (lucro antes de juros, impostos, depreciação e amortização)	O primeiro é fácil — EBIT é sua renda total de fazer negócios, mas antes que você tenha deduzido o imposto necessário e deduzido/adicionado qualquer pagamento de juros. (Warren Buffet não gosta do "DA" em EBITDA porque você pode ter que gastar muito em equipamentos e outros ativos para permanecer no negócio... e, portanto, não é um verdadeiro reflexo do valor subjacente.)

Contas a receber *e* Contas a pagar	Contas a receber é o dinheiro devido à empresa por mercadorias ou serviços vendidos, mas que ainda não foram pagos. Contas a pagar é o dinheiro devido pela empresa a seus fornecedores/credores etc.
Patrimônio de marca	O valor de qualquer ativo além e acima do valor que é mostrado nos "registros" (ou seja, contas). Isso só será mostrado ou percebido no balanço patrimonial se a empresa adquirente comprar um ativo por mais do que parece valer do valor "contábil" (é por isso que a Contabilidade pode ser burra às vezes).
Despesas acumuladas	Esta é uma despesa (custo) que foi incorrida, e você sabe que terá que pagá-la eventualmente, mas ainda não foi formalmente registrada nas contas (ao contrário de contas a pagar, que alguém emitiu uma fatura e ela está apenas na fila para ser paga).
Patrimônio líquido	Este é o patrimônio líquido (ou seja, a diferença entre os ativos e os passivos) da empresa. O valor financeiro que é "de propriedade" dos acionistas (quem quer que sejam) e é diferente da avaliação de mercado da empresa.
Lucros retidos	Todos os ganhos acumulados (lucros líquidos) de um negócio ao longo do tempo que não tenham sido pagos como dividendos (você claramente quer ver um crescimento a longo prazo nestes). Mostrado na seção do patrimônio líquido do balanço patrimonial – o mesmo que "capital social".

Dividendo	O pagamento por uma empresa a seus acionistas, geralmente como uma distribuição de (alguns dos) lucros. É obviamente agradável fazer isso regular e consistentemente uma vez que um negócio tenha amadurecido.
Capital de giro	Basicamente, o dinheiro disponível para as operações diárias de uma empresa – essencialmente, o dinheiro que você tem para trabalhar. Em termos financeiros, é a diferença entre os ativos e passivos circulantes.
Retorno sobre o patrimônio (ROE) ou Retorno sobre o capital (ROC)	ROE é o lucro líquido de uma empresa, dividido pelo Patrimônio Líquido. Quanto mais alto, melhor, como você pode imaginar. Todas essas medidas são calculadas de forma ligeiramente diferente, mas todas refletem a rentabilidade de uma empresa com base no dinheiro com o qual ela teve que trabalhar. O ROC inclui apenas o valor das dívidas.
Tributários	Geralmente se refere ao governo/finanças públicas, mas as empresas têm que informar suas finanças essencialmente de acordo com os anos fiscais (ou seja, tributários) do governo nacional.
Alavancagem	O montante da dívida da empresa em relação ao patrimônio líquido. Uma empresa que é "altamente alavancada" basicamente está carregando muita dívida (o que obviamente pode ser bastante arriscado, particularmente se tiver que pagar juros altos sobre essa dívida).

Cupom	A taxa de juros anual paga sobre uma obrigação (que é uma unidade de dívida corporativa emitida por empresas, e utilizada como ativo negociável, se você quiser saber um pouco da parte técnica). A taxa de cupom é normalmente expressa como uma porcentagem.
Auditoria/auditoria interna	Uma auditoria é o exame dos registros contábeis de uma empresa, assim como a inspeção física de seus ativos. Contadores oficiais qualificados podem expressar uma opinião sobre a justiça das demonstrações financeiras de uma empresa. As auditorias internas avaliam os controles internos de uma empresa, incluindo sua governança corporativa e seus processos contábeis. Elas garantem o cumprimento da lei e dos regulamentos e, em geral, ajudam na precisão dos relatórios financeiros. (Também os mantêm fora da prisão, idealmente. O pessoal da auditoria interna é seu amigo.)
Acionistas/ investidores	Estes são normalmente referidos de forma intercambiável, mas estritamente, o termo investidor é usado mais amplamente como uma pessoa/instituição que investe dinheiro a fim de obter lucro, enquanto acionista se refere à propriedade de ações. Você precisa ser simpático com ambos.

Analistas (lado da compra e lado da venda)	Os analistas geralmente cobrem as empresas negociadas publicamente. É fácil reunir "analistas" — estas são obviamente as pessoas que fazem análises e fazem recomendações sobre as empresas nas quais investir. Entretanto, há uma grande diferença no trabalho, e quem emprega cada um deles. Um analista do lado da compra geralmente trabalha para investidores institucionais, como fundos de hedge, fundos de pensão ou fundos mútuos. Eles fazem pesquisas e fazem recomendações para os gestores de dinheiro do fundo que os emprega. Eles estão muito preocupados em "ter razão" porque seu trabalho depende de bons conselhos forenses (e de não cometer erros). Em contraste, os analistas do lado das vendas trabalham para uma corretora ou empresa que administra contas individuais e faz recomendações aos clientes da corporação. Você ouvirá coisas como "compra forte", "superar o desempenho", "neutro" ou "vender" dessas pessoas. O trabalho de um analista do lado das vendas é convencer as contas institucionais a dirigir suas negociações por meio da mesa de operações da firma do analista — o trabalho é muito relacionado ao marketing. E, é claro, eles não são linchados se estiverem errados (como os coitados do lado da compra).

É o valor total de todas as ações em circulação de uma empresa. É calculado multiplicando-se o preço atual das ações pelo número de ações em circulação. Não é surpreendente que a *capitalização de mercado* seja quase sempre maior que o *valor patrimonial*. Os analistas tendem a usar a *capitalização de mercado* para descrever o tamanho de uma empresa, embora ela possa ser volátil porque depende do preço das ações. O preço das ações depende da demanda pelas ações e das expectativas de receitas e lucros futuros.

Capitalização de mercado (*versus* patrimônio líquido)

Em contraste, o *patrimônio líquido* não flutua no dia a dia – é uma simples declaração dos *ativos* da empresa menos seus *passivos* e representa o valor contábil de uma participação em um investimento. O mercado frequentemente se refere ao valor total do acionista; a combinação de ganho de capital (aumento no preço das ações menos o preço de compra) e dividendos. Portanto, espera-se que a posse de ações em uma empresa ao longo do tempo gere *ganhos de capital* para o acionista e dividendos potenciais. Um acionista também pode ter o direito de votar nas eleições da diretoria (portanto, se houver um número suficiente deles, eles podem expulsar as pessoas se estiverem fazendo um trabalho ruim).

Lucro por Ação (LPA)	Uma medida comumente usada para medir o desempenho corporativo — LPA é o lucro de uma empresa dividido por seu número de ações ordinárias em circulação (por exemplo, se uma empresa que ganha dois milhões de libras em um ano tivesse dois milhões de ações ordinárias em circulação, seu LPA seria de uma libra por ação). Assim, ele decompõe os lucros de uma empresa com base em cada ação. É importante para os investidores porque quanto maior o lucro por ação de uma empresa, melhor será sua lucratividade.
Retorno total ao investidor (TSR)	Outro indicador popular do desempenho da empresa. Ele mede o retorno total gerado por uma ação a um investidor, os fatores em ganhos de capital e dividendos também.

Ufa!

O dinheiro nunca dorme

Procure alguns cursos decentes e amigos contadores para saber mais. E lembre-se de que você também precisa ter acesso a alguns bons conselhos legais se você vai administrar um negócio. Embora isso possa não lhe dar um "passe livre da cadeia", pode ser útil para aqueles momentos de dúvida.

NOTAS PARA SI MESMO

- Você não é estúpido (e não está sozinho) se demorar um pouco para aprender estas coisas.
- A linguagem contábil pode ser apenas "criativa" de uma maneira diferente. Trata-se de aprender o idioma financeiro.
- Quando estiver em dúvida, o dinheiro nunca mente. Se nada mais ajudar, veja a demonstração de fluxo de caixa. Você sabe que essa parte faz sentido.

CAPÍTULO SEIS

Por que você não precisa fingir para conseguir

Sobre como ser a melhor versão de si mesmo... a maior parte do tempo

Havia uma série de televisão no Reino Unido chamada *Faking It*, que começou em 2000. Era sobre transformação pessoal e era fascinante, assustadora e comovente, tudo ao mesmo tempo. Apresentava um grupo de pessoas "comuns" que foram treinadas para fingir que eram algo que não eram e, ao final de quatro semanas, um painel de juízes especialistas tentava identificar o impostor a partir de um grupo de três. Muitos deles conseguiram enganar os juízes.

Um violoncelista "treinado" para ser um DJ de boate, com todo o conhecimento técnico e roupas associadas, apresentação pessoal e atitude. Um humilde dono de uma van de hambúrgueres se tornou um chef ao estilo Gordon Ramsay. Um oficial de carreira da Marinha se transformou convincentemente em drag queen, e uma jovem mulher da "classe trabalhadora" foi ensinada a se comportar na "alta sociedade" (o que quer que isso signifique hoje em dia). Na verdade, a ideia da série foi inspirada por *Pigmalião*, no qual, é claro, a florista Eliza Doolittle é educada (por um professor rabugento) para parecer como uma aristocrata.

O que se deve observar sobre esta série é que:

- os participantes tiveram um treinamento intenso e especializado sobre seu "novo" papel durante um período concentrado;
- com frequência eles choravam muito, entravam em crise, diziam que não conseguiriam, e geralmente ficavam ansiosos e tensos durante todo o programa;
- nós realmente não sabemos o que aconteceu com eles após a transmissão.

Aproveitando ao máximo o verdadeiro você

Tendo dito tudo isso, o exemplo serviu para demonstrar a lição bastante óbvia de que todos nós temos potencial para aprender, crescer, mudar, fazer mais de nós mesmos do que nossas vidas permitem. Eu sou totalmente a favor, mas é claro, se você acabou de se virar em uma semana de oitenta horas e está bastante ocupado tentando fazer o show continuar, você tem tempo e energia limitados para aprender a língua servo-croata ou treinar para se tornar um astronauta da NASA como hobby.

Como mãe que trabalha, no início de minha carreira, tudo o que eu podia fazer era ficar acordada e fingir que estava prestando atenção. Eu assistia a uma boa quantidade de bobagem na televisão à noite, mas esse era meu hábito (e todos nós temos nossos próprios modos de abstrair). Eu tenho emoções confusas quando ouço de pessoas que têm empregos extremamente exigentes, vários filhos para levar às aulas de tênis, dança ou violino, festas de amigos e ainda conseguem fazer um MBA em seu tempo "livre": provavelmente entre as três e seis horas da manhã.

Na verdade, isto é impressionante e bom para eles, mas vou me concentrar em mortais um pouco mais comuns que ainda gostariam de fazer o melhor que podem. Mas que também precisam dormir e ter tempo de ócio ocasionalmente.

Você já deve ter ouvido o termo um pouco irritante "finja até conseguir". Ou, de fato, o igualmente utilizado "aja como se fosse". Vou fazer um dos poucos usos da minha educação clássica aqui, dizendo que esse conceito reflete a filosofia de Aristóteles de que as pessoas "adquirem" uma qualidade particular agindo constantemente de uma certa maneira.

Claramente, há muita ciência e pesquisa que serve para tratamentos como a Terapia cognitivo-comportamental (TCC) e a prática da Programação neurolinguística (PNL). Todas as formas de ajudar você a reestruturar suas crenças, atitudes e comportamentos atuais e desenvolver alguns hábitos diferentes e mais positivos.

Pessoas como o guru americano de autoajuda Tony Robbins (e a versão britânica, Paul McKenna) fizeram fortunas com turnês, livros e programas de TV enquanto despertavam nossos gigantes interiores e nos ajudavam a pensar em nós mesmos como magros/ felizes/ricos/confiantes e capazes de dormir (meu ponto favorito de Paul). O sr. McKenna também diz *Mude Sua Vida Em 7 Dias* se estiver com pouco tempo.

O poder peculiar do autodesenvolvimento

Devo confessar que sou um pouco viciada em desenvolvimento pessoal e algumas de minhas atividades incluem deitar-me em um sofá despejando meus sentimentos mais íntimos para um psicoterapeuta, escrever uma carta raivosa, ainda que terapêutica, ao meu falecido pai, gritar até ficar rouca em um curso de "criatividade" e, em um curso de desenvolvimento de carreira, pintar um quadro do meu "futuro ideal" que mais parecia o retrato reverso de Dorian Gray em meu sótão. Eu também andei sobre brasas em um estacionamento no ExCeL Centre em Londres, em um seminário do Tony Robbins. Ele é um homem muito persuasivo.

Também li a maioria dos famosos livros de autoajuda e conhecimento, incluindo *A trilha menos percorrida*, *Como superar o medo* (eu não fiz isso de qualquer forma) e *A profecia celestina*, entre muitos outros profundos.[1]

Trabalhei até mesmo com o guru espiritual das estrelas Deepak Chopra, e tentei seguir suas *Sete leis espirituais do sucesso*, embora secretamente preferisse muito a sublime massagem a quatro mãos da Ayurveda Shirodhara/Panchakarma e o tratamento quente com gotejamento de óleo em meu terceiro olho em seu retiro em La Jolla, Califórnia. Consegui até apresentar isso como um processo necessário de "familiarização e indução de marca" para minha empresa. Meu diretor criativo na época fez o tratamento antes de mim, e ele ficou tão contente quando saiu que mal conseguia falar. Em um nível mais prático, posso ter alcançado cerca de dois de *Os Sete Hábitos das Pessoas Altamente Eficazes*.

Você pode pensar que a lista não exaustiva acima soa como muito, mas como um ponto geral, pode ser realmente uma boa ideia fazer algum trabalho de autodesenvolvimento em vários momentos em sua vida e carreira. Além do benefício de aprender novas ferramentas e técnicas para mudar comportamentos e mentalidades tanto pessoal quanto profissionalmente, é apenas útil passar algum tempo consigo mesmo, talvez sozinho ou com grupos muito diferentes de pessoas. Normalmente tenho muito a ganhar com isso.

Aqui estão minhas observações:

1. Vale a pena colocar as coisas pessoais difíceis sob um controle mais positivo, antes que você as despeje em demasia nas pessoas ao seu redor. Descobri muito sobre psicoterapia desde cedo. O lado positivo é que você pode desfazer todas as suas experiências formativas, boas, ruins e terríveis, incluindo aquelas que você esqueceu completamente. Uma vez que você possa vê-las, você pode tentar fazer

uma escolha mais consciente sobre se e como você vai deixá-las te guiar. Obviamente não funciona para todos, mas isso realmente me ajudou. Para alguns, a psicoterapia pode se tornar um pouco circular – mais cedo ou mais tarde, você precisa entrar em um modo mais prático de "o que eu faço com tudo isso/como eu mudo esses hábitos inúteis".

2. Se você sente que as coisas estão basicamente bem, mas sente a necessidade de fazer uma organização, há também uma série de eventos como o Landmark Forum e todos os seus derivados.[2] Algumas pessoas se esforçam nestes e saem se sentindo totalmente purificadas e com propósito. Outras abominam e detestam. Todos eles tendem a ter uma variante na sequência de "reconhecer que você poderia ser mais na vida, visualizar um novo futuro e se comprometer a fazer algo para chegar lá". Eu particularmente não precisava de mais ajuda para ser autocrítica, e minha pobre mãe estava um pouco desorientada por eu estar ligando para ela à noite pedindo perdão, como os cursos às vezes exigem que você faça. Tudo isso pode parecer um pouco estranho e um pouco como um "culto". Mas é outra maneira de se abrir à ideia de mudança (real *versus* falsa). O aviso de saúde é que, a partir dessas sessões, as pessoas podem decidir mudar e deixar seus parceiros, empregos e assim por diante. Você foi avisado.

3. Participar de sessões com gurus pode ser uma experiência divertida e genuinamente valiosa. Por exemplo, Tony Robbins é brilhante, mas bastante assustador. Ele é, literalmente, um gigante fisicamente, além de se oferecer para ajudar a fazer com que seu próprio "gigante interior" desperte, sinta o cheiro do café e obtenha poder ilimitado. Oprah, Bill Clinton, Leonardo DiCaprio e numerosos líderes empresariais aparentemente têm usado seus serviços. Se você participar de um de seus cursos (o que eu fiz por uma combinação de curiosidade e uma oferta

especial), ele caminha ao redor do enorme público e anda pelas pessoas como um deus do rock, apertando as mãos, convidando-as a participar. As pessoas em suas sessões conseguem acreditar que ele pode fazer uma diferença imediata nos sentimentos negativos, fazendo com que eles se carreguem de maneira diferente e sejam imaginados de maneira diferente. Tudo isso é um pouco surreal, com rock bombando acompanhando seus shows no palco até o fim, e aplausos constantes da plateia. Vê-lo ao vivo dominou qualquer poder que eu estivesse procurando. Acordou minha britanicidade (em vez do meu gigante) interna. Tendo dito tudo isso, há alguns fatos, números e exemplos úteis sobre modelos e visualização positiva em seus livros que achei realmente úteis. E talvez surpreendentemente ele também pode ser bastante engraçado, o que é muito bom quando você está prestes a caminhar sobre brasas com seus pés descalços e precisa de um senso de humor sobre a perspectiva de ir ao hospital com a sola dos pés cheia de bolhas (e não, isso realmente não acontece). Você paga o valor (significativo, no caso dele) e aproveita sua chance. Aparentemente, ele tem um patrimônio líquido de cerca de quinhentos milhões de dólares,[3] então é evidente que as pessoas estão de fato "aproveitando".

MEUS TRÊS GRANDES APRENDIZADOS DO TRABALHO DE TONY ROBBINS

- Se você muda sua fisiologia (postura), você pode mudar completamente sua energia e sua mentalidade. Se isso soa um pouco como o antiquado "cabeça para cima, peito para fora, coração para cima", bem, essa é uma remodelagem para você.

- Se há alguém que você particularmente admira, estude o que ele faz que funciona e tente imitá-lo um pouco. Esse é potencialmente o seu atalho para o sucesso (mas não aja como um maluco sobre isso).
- As pessoas querem caminhar em direção ao prazer e afastar-se da dor. Portanto, o que quer que você queira fazer (ou queira que alguém mais faça), é sensato enquadrar seu pedido dessa maneira — em outras palavras, o que há para você e/ou para eles que a mudança de comportamento irá proporcionar. Aparentemente isso funciona muito bem para comportamentos viciantes...

4. Paul McKenna vale um pouco menos (embora aparentemente ainda em torno de 65 milhões de libras,[4] então não se esforça para sobreviver), é um pouco menos assustador e definitivamente não é tão alto. Ele "fez um trabalho" para minha empresa alguns anos atrás, quando estava apenas mudando a vida das pessoas em sete dias, em vez de diversificar e segmentar habilmente seus negócios em suas promessas de fazer de todos nós magros/ricos/felizes/alguma coisa. Na verdade, ele foi pessoalmente superdivertido, hipnotizou algumas pessoas e fez um exercício bastante interessante de ajudar a todos na sala (muito lotada) a se livrarem de más lembranças e experiências. Na verdade, muito mais do que qualquer outro orador "sério" de negócios que tínhamos tido. Assuntos sobre autodesenvolvimento foram claramente mais populares do que as pessoas gostariam de admitir.
5. Eu achei que valeu particularmente a pena receber algum treinamento sobre técnicas de visualização positiva. Estas podem ser coisas como desenhar ou pintar uma imagem do "futuro" de sua

vida ideal ou montar imagens do que você gostaria que tivesse em sua vida futura. Ou pode ser aprender como "rodar uma fita de vídeo" em sua cabeça sobre como você idealmente gostaria de fazer uma apresentação (mais sobre isso no capítulo "Vozes silenciadas"), ou talvez fazer um pouco de respiração e banhos/visualização de "luz branca" quando você pensa que caso contrário poderia gritar, chorar ou assassinar alguém. Honestamente, isso pode vir a calhar.

Mas, inevitavelmente, qualquer esforço sobre si mesmo para ser bem-sucedido tem que ser baseado em uma premissa de esforço e em algum nível de realidade e autenticidade. Você pode querer se visualizar como um atleta olímpico, mas a menos que você tenha os atributos físicos e esteja preparado para dedicar sua vida ao treinamento, isso provavelmente não vai acontecer.

Você é um jogador de hóquei ou um campeão de triatlo?

Eu estive em um painel de ganhadores de medalhas olímpicas da Associação Olímpica Britânica após os Jogos Rio 2016 em que eles falavam sobre o que os ajudou a ter sucesso. Se você é britânico, você deve se lembrar da emoção da equipe de Hóquei feminino ganhando uma medalha de ouro contra a Holanda após uma disputa de pênaltis, na qual a goleira Maddie Hinch foi uma heroína. A equipe feminina falou sobre a importância da psicóloga da equipe, quanto trabalho elas tinham feito, individualmente e juntas, sobre suas ansiedades, problemas, motivações, visão compartilhada para o futuro, como trabalharam na visualização de suas vitórias e mindsets. Embora não sem um considerável desafio emocional e investimento, todas sentiram que a ajuda e o processo psicológico tinham funcionado brilhantemente.

O entrevistador recorreu então aos irmãos Brownlee, Alistair e Jonny, que haviam conquistado as medalhas de ouro e prata respectivamente pelo Triatlo.

Perguntou-se a eles se tinham feito uso semelhante de um psicólogo em seu treinamento e preparação. Eles foram dignos o suficiente para controlar quaisquer risos. Por fim, Alistair disse algo do tipo: "Não, minha psicologia principal foi 'você se esforçou incrivelmente fazendo todo aquele treinamento, então não estrague tudo'."

Sou casada com um homem de Yorkshire. Eu entendo.

Aí está. Só você saberá se é um atleta de Hóquei ou de Triatlo. O que eles compartilharam, no entanto, é o desejo de ter sucesso, trabalhar, uma ética de trabalho e um esforço de dar o seu melhor durante um período consistente. Não se pode fingir os dois últimos.

Expandindo a verdade

Claramente, é difícil mudar completamente a realidade de quem você é, no que você é bom e sua zona de conforto natural. No entanto, você pode se desenvolver de várias maneiras para dar a essa "realidade" mais possibilidades. E para ser mais honesto sobre ambas. Assim, não ter que "fingir", com todos os estresses e tensões que isso pode trazer.

Houve várias ocasiões em que eu mesma me vi "fingindo". Lembro-me de entrevistar candidatos no final de meu tempo na Saatchi & Saatchi, após a partida forçada dos fundadores – uma longa e triste história. Meu coração havia saído do negócio e minha cabeça estava indo para outro lugar, mas ainda me vi obrigada a dar o discurso sobre por que esse era um grande lugar. Comecei a odiar ouvir a mim mesma; é um sentimento estranho, mas distinto, quando sua voz não soa como você, e sua voz interior insiste que você está soando como uma impostora. É quando você sabe que é hora de fazer algo mais.

Quando eu estava considerando uma oferta para deixar meu cargo de diretora de estratégia e me tornar CEO em outra empresa, lembro de uma colega de trabalho me dizer que, honestamente, ela achava que eu odiaria ser CEO. Isso significaria deixar de fazer muitas coisas práticas que eu gostava e em que era boa e, em vez disso, ter que lidar com reclamações constantes de clientes, finanças, sistemas de gestão e queixas e lamentos de funcionários. De certa forma, ela estava certa, é claro, embora ela tivesse um leve motivo oculto.

Ela e eu tínhamos planejado começar um negócio juntas e passamos vários meses nos reunindo em segredo para ver como seria. Foi um momento emocionante e ela era brilhantemente talentosa e fantástica. O desafio era que não éramos exatamente complementares em um sentido profissional e, quando se tratava de alguns pontos críticos de decisão, éramos honestas uma com a outra sobre reconhecer que ambas gostávamos de fazer coisas semelhantes. Naquela época, nenhuma de nós era tão experiente ou interessada no lado comercial/operacional do negócio como teria sido ideal. Portanto, concordamos que ela introduziria algumas outras pessoas na mistura.

Para resumir uma história muito longa e emocionalmente desafiadora, ao tentar fazer a ideia comercial funcionar com esse grupo maior de pessoas, realmente não funcionou para mim. No final, a única razão para continuar o novo negócio teria sido não decepcionar minha amiga, e não porque eu realmente quisesse fazer isso. Não era uma boa proposta a longo prazo, e uma receita para ressentimento posterior de ambos os lados.

Então, depois de muito lamentar, eu caí fora. Foi uma decisão horrível.

Em vez disso, aceitei o papel de CEO que ela disse que eu odiaria. E, honestamente, a maior parte do tempo eu odiei. Isso pode muito bem ter sido uma vingança divina, acho que posso dizer com segurança que fantasiava pedir demissão todos os dias por pelo menos seis meses.

Além do trabalho básico de CEO e aprender sobre como ser diretamente responsável pelo dia a dia do navio, e em um novo tipo de negócio, eu também tive que trabalhar com uma estrutura de gestão bastante complexa. Eu me vi obrigada a lidar com os efeitos colaterais de uma fusão que eu mesma não teria decidido fazer, com as consequências de um desastre de relações públicas que eu não tinha participação na criação e com facções beligerantes de pessoas que não queriam estar juntas. Todos pertencentes a uma exigente holding de um grupo norte-americano de capital aberto, que queria ver lucros trimestrais confiáveis, e não ouvir desculpas.

Os perigos de submeter-se

Fiquei nervosa (e insone), mas estava determinada a disfarçar e a desempenhar o papel de CEO competente, determinada e (espero que de forma positiva) arrasadora.

Naquela época, desenvolvi uma amizade séria com um certo sr. Bach e temos sido muito próximos desde então. Esse é na verdade o Bach da Rescue Remedy. É um remédio natural à base de flores que supostamente tem uma influência calmante (o rótulo diz "conforto e tranquilidade"). E, estranhamente, descobri que ele ajudou de alguma forma estranha e maravilhosa.

Na verdade, não foi tão estranho quando olhei os ingredientes com mais atenção. Além dos adoráveis extratos de flores como Rock Rose, Beijinho, Clematite, Estrela-de-Belém e Cerejeira (ah, ótimo...), havia... 27 por cento de teor alcoólico. Isso poderia ter explicado sua "eficácia". E em algum momento posterior, quando me encontrei em um voo saindo de Nova York e a tripulação apareceu correndo pela cabine, logo após a decolagem, carregando extintores de incêndio, eu estava tão grata a essas "flores". Virei a maior parte da garrafa enquanto meu coração estava prestes a estourar em meu peito.

Ainda hoje sou leal ao Rescue Remedy e o uso (junto a respirações de ioga profundas, é claro) antes de muitas situações potencialmente angustiantes, particularmente grandes reuniões, discursos e voos.

Há muitas maneiras e meios diferentes de se manter calmo e concentrado, e eu acho útil ter um "ritual". Por exemplo, alguns jogadores de tênis arremessam bolas em uma sequência particular. Algumas pessoas apertam bolas de estresse, outras fazem exercícios fixos. Encontre sua própria coisa.

Topo...

De volta ao trabalho diário, eu estava tentando parecer, soar e desempenhar o papel de uma CEO. Fazer uma fusão difícil, aprender o novo negócio, ficar em dia com as finanças e operações, preocupar-me com o estado dos banheiros, assim como com a visão a longo prazo, e tentar ver meus filhos e meu marido o máximo que eu podia. E, só para garantir, achei que deveria lançar um livro. Era próximo da virada do milênio e achei que era um bom momento para olhar para trás e para frente, para o futuro das marcas e do branding. Francamente, eu precisava examinar minha cabeça. Mas isso foi aquele impulso irritante e carente falando. Como aconteceu, o livro *Future of Brands* [O futuro das marcas, em tradução livre] que surgiu foi um sucesso e foi ótimo ter feito isso.[5]

Em resumo, foi tudo turbulento e estressante. E, no entanto, algo no trabalho foi como um estalo. Antes, na fase de recrutamento para meu cargo de CEO, o recrutador estava muito mais convencido sobre minha capacidade de fazer o trabalho do que eu. Inicialmente, eu estava insegura e não muito interessada.

Mas eu evoluí de uma certa maneira depois. E eis que fui capaz de colocar em prática muitas das coisas que eu sentia fortemente:

- muita participação e colaboração;
- números equilibrados de homens e mulheres na equipe de gestão;
- uma cultura de apoio no local de trabalho que tinha coisas como bolsas pessoais, ioga e até mesmo corais.

E por alguns anos, o negócio cresceu e manteve um bom desempenho. E poucas pessoas que não queríamos perder, saíram. Descobri que podia viver com as exigências da função, implacáveis ou não.

... Fundo do poço

E então, em uma sucessão bastante rápida, levamos algumas pancadas mortais para o negócio. Primeiro, a expansão do ".com" dos anos 1990 se transformou na explosão da bolha da internet, em que os mercados financeiros perderam a confiança. E, mais tarde naquele ano, muito pior, quando dois aviões voaram para as Torres Gêmeas em Nova York em 11 de setembro. Um desses eventos em que você pode se lembrar vividamente onde estava.

Além do terrível e horripilante evento para a humanidade, as consequências comerciais do 11 de setembro, em pleno colapso do mercado ".com", foram terríveis para as pessoas e seus empregos em certos setores. Incluindo o nosso. De repente, tivemos que passar da chamada "guerra por talentos" (que estávamos vencendo) para uma guerra para reduzir os custos no menor tempo possível para ajudar o negócio a sobreviver (o que era impossível para qualquer um sentir que estava "vencendo").

Mesmo agora, posso me lembrar que estava tocando "I'm like a bird", da Nelly Furtado, enquanto eu andava pelo nosso escritório, chocada pela perspectiva de ter que demitir mais de 25 por cento de nossos funcionários. Muitas dessas pessoas eu havia recrutado, treinado, desenvolvido e amado.

Embora eu sempre tivesse considerado o papel de CEO uma mistura interessante de terapeuta e condutora, agora veio a (indesejada) função adicional de executora. Esse era realmente um trabalho de "fingimento" para mim na época, e eu me esforçava para mantê-lo em dia com meus proprietários americanos que, compreensivelmente, queriam ver os custos desaparecerem, junto a muitas pessoas.

O momento decisivo chegou quando eu estava voltando para casa tarde da noite e recebi uma ligação do diretor de um grupo global. Em resposta ao meu protesto de que estávamos reduzindo os custos a uma taxa responsável, tendo em mente que tentávamos mitigar o custo humano e a legislação trabalhista europeia — às vezes, algo enfurecedor para as empresas americanas aceitarem — ouvi a seguinte reclamação: "Rita, para o futuro previsível, esse negócio é sobre a busca implacável do lucro."

Houve silêncio enquanto eu procurava palavras que não continham um palavrão.

Grande fuga?

Conto esta história com um pouco mais de detalhe do que eu pretendia inicialmente por algumas razões:

- Primeiro: notar quando uma função passa do seu limite a um ponto sem volta (ou seja, a necessidade de fingir totalmente).
- Segundo: é importante entender a si mesmo e o que você pode/não pode, vai/não vai fazer. Mas, de preferência, de forma racional e fria.

Sim, é uma boa ideia garantir que você pense bem nas coisas antes de qualquer tempestade. Não importa quantas vezes você possa fantasiar sobre "bem, se é assim que você se sente, então você pode simplesmente se ferrar" e bater a porta quando sair etc., geralmente não é uma boa ideia. A menos que você já tenha uma reserva financeira sólida e uma reputação à prova de balas, você precisa planejar seu próximo passo antes de jogar tudo para o alto.

Eu renunciei ao cargo duas vezes nas seis semanas seguintes, pensando que preferia começar um negócio e me sentir mais no controle do que ter que me submeter a um grande e musculoso proprietário corporativo. Eu até tinha um plano para o que esse negócio poderia ser. Mas um resultado pragmático ocorreu quando eles eventualmente disseram que não queriam me perder, que talvez eu pudesse considerar tornar-me presidente em vez de CEO e fazer mais das coisas que eu gostava em vez de ser a principal encarregada com o machado. Sentindo-me uma otária por me sentir desejada, e também uma otária por gostar de um salário seguro que paga a hipoteca e minha parte de nossa vida familiar, eu concordei. Foi uma decisão fácil, talvez fácil demais, mas, na verdade, o cargo de presidente realmente se moldou a mim e desencadeou uma série de oportunidades que realmente funcionaram. Outro potencial benefício de respirar fundo e não ser muito apressada. Nesta ocasião, confesso que decidi fingir uma confiança que não sentia.

É claro que, no final, é fácil fingir por quatro semanas em um programa de TV, mas tentar viver uma vida falsa a longo prazo é uma garantia de que você vai terminar infeliz e até mesmo doente. Mas você pode trazer quem é de verdade para um monte de coisas diferentes e interessantes que talvez não tenha acreditado ser possível.

Rangendo os dentes

Moral da história?

Às vezes, é bom se colocar em funções desconfortáveis porque, quer isso faça você se sentir realizado todos os dias ou não, você aprende muito, cresce muito e compreende o que você é capaz e está disposto a fazer. Todos esses clichês se aplicam. Também pode ser um trampolim para outra coisa.

Meu marido sempre brincava que eu era um pouco ruim como gerente de projeto júnior, mas que eu melhorei em funções seniores. Concordamos que isso provavelmente ocorreu pelo fato de eu genuinamente gostar de trabalhar com pessoas, compreendê-las e ver como eu poderia ajudá-las a se desenvolver. Ele disse que sentia o oposto sobre si mesmo, caso você ache que ele estava sendo prejudicado. Mas a lição prática é que nem todo trabalho pode ser o desejo do seu coração. Pode ser uma esteira rolante.

Anos mais tarde, quando eu estava tendo uma de minhas sessões regulares de treinamento, fiz um exercício chamado "âncoras de carreira".[6] É um teste relativamente simples que prioriza a preferência de uma pessoa por oito temas e me lembrou em termos simples o motivo de eu não ter gostado tanto de ser CEO. Ele diz o que você deve fazer idealmente durante a maior parte de sua vida profissional se quiser ser feliz e autêntico. Por exemplo, algumas pessoas precisam ter a criatividade como ponto principal no que fazem, outras precisam ser um profissional especializado. Outras pessoas têm uma necessidade tão grande de comandar as coisas que podem suportar todo tipo de problema.

Eu não era uma dessas pessoas. Mas... eu consegui acabar administrando o tipo de negócio no qual eu podia fazer tanto coisas práticas quanto encenar vagamente que eu estava no comando. Não era um equilíbrio ideal, mas factível, e de uma forma que se assemelhava ao "eu" interior. Mesmo rangendo os dentes.

APENAS ESCUTE A SI MESMO

A "verdadeira eu" amava estratégia, coaching, mentoria e o evangelismo sobre bons negócios. A "falsa eu" era a CEO que fingia arrebentar.

Tornar-me presidente me permitiu saber como ajudar os outros a arrebentar. Um teste que achei útil foi ouvir sua própria voz quando você está falando com as pessoas sobre coisas. Você pode honestamente ouvir o tom falso em si mesmo quando está fazendo uma encenação. Experimente. Mesmo que você tenha que dizer e fazer coisas difíceis quando não se sente durão o bastante, encontre uma maneira de falar sobre isso com sua voz autêntica (por exemplo: "Sei que temos que demitir algumas pessoas para refletir a redução nos negócios, mas é uma coisa verdadeiramente horrível para as pessoas envolvidas, assim como para a reputação do negócio. Portanto, vamos fazê-lo da forma mais generosa e aberta que pudermos.")

Eu obviamente odiaria que você se livrasse de tudo o que torna sua vida miserável no trabalho para servir ao altar de "mais mulheres no comando, por favor". Mas é possível modelar um cargo de liderança de uma forma que se adapte melhor a você.

Ser tão influente quanto você gostaria de ser (como o mundo pode precisar que você seja) é mais possível do que você pensa. Faça do seu próprio jeito. E você pode até experimentar diferentes versões de si mesmo ao longo do caminho. Há um grande ditado que diz: "É melhor ser você mesmo, porque você nunca será tão bom em tentar ser outra pessoa." A mais pura verdade. Mas nem todos somos seres fixos desde o nascimento, e podemos crescer, e crescemos, e nos adaptamos. Espero que para melhor.

É claro que você não pode ser o Médico e o Monstro. Estou supondo que você é uma pessoa decente, querendo que as coisas sejam tão boas quanto elas podem ser no mundo. No fim, é claro, neste mundo aberto, transparente e digital, a verdade vai transparecer, por isso é melhor tentar tornar a realidade tão boa quanto ela pode ser.

Amigos assim...

Vou só terminar este capítulo com uma ilustração da vida real sobre os altos e baixos do fingimento a curto prazo. Não é preciso muita introdução, exceto para dizer que, logo depois que me tornei CEO, *The Daily Telegraph* publicou uma reportagem sobre como as mulheres seniores lidavam com o estresse. Eles disseram que queriam fazer um perfil e vieram me entrevistar e fazer uma foto. Além de querer fazer um peeling químico completo, terapia do sono e uma lipoaspiração completa quando vi a foto (e também receber meu dinheiro de volta da "House of Colour", que recomendou a maquiagem), acho que até consegui me convencer do que eu estava dizendo. Meu marido, que realmente tinha que conviver comigo, tinha uma perspectiva um pouco diferente. Ele viu o artigo, mostrou um daqueles misteriosos sorrisos de pesar, e escreveu sua própria versão, especialmente para mim. Eu o desenterrei novamente após todos estes anos e pensei em compartilhar a comparação lado a lado.

Primeiro, a versão do *Daily Telegraph*, depois de me entrevistar.

> A PRESSÃO ESTÁ CHEGANDO ATÉ VOCÊ? As pessoas tiram mais tempo de folga pelo estresse do que pelos resfriados, aponta Christine Doyle
>
> *Por Christine Doyle*
> 12:00h GMT 31 Out. 2000

[...]

"Estimulada por um desafio"

Extrovertida e incansável, Rita Clifton é executiva-chefe da Interbrand, uma empresa de marketing que assessora marcas (Prozac, um antídoto médico para o estresse, é um exemplo). A pressão e o desafio a estimulam – uma coisa boa, já que ela tem uma equipe de 270 funcionários, uma mistura de profissionais financeiros e criativos. Raramente ela se sente sobrecarregada. "Há dias em que eu me sinto absolutamente "cheia" quando chego em casa e não consigo me imaginar fazendo outra coisa. Mas isso não dura muito tempo. Adoro o estresse do trabalho, é quase viciante."

Entretanto, Rita, 42 anos, se esforça para reconhecer que ela é privilegiada: "Eu não tenho que cuidar de uma criança tendo pouco dinheiro." Sua infância estável e sua atual vida familiar feliz – ela tem duas filhas – ajudou a manter sua vida em equilíbrio. Seu segundo marido, que ela conheceu quando trabalhava na Saatchi & Saatchi, compreende seu trabalho. "Eu também tive babás muito boas", diz ela.

Rita se descreve como uma pessoa imediatista. "Tirar as coisas do caminho evita o estresse. Se alguém telefona para marcar uma consulta para me ver sobre sua carreira, minha inclinação é pedir-lhe que venha e converse aqui e agora."

Ela admite que se lembrar das coisas está se tornando muito mais difícil. "Por isso carrego uma pequena fita de ditafone para gravar qualquer novo pensamento." Ela não era particularmente organizada quando criança, como se lembra:

"Aprendi isso depois." Mas, como sua mãe, ela sempre teve "uma visão positiva sobre a vida".

Quando ela se sente sobrecarregada, ela fecha os olhos e respira fundo. A terapia floral de Bach, Rescue Remedy, ajuda-a a tolerar os atrasos no aeroporto. Uma boa noite de sono é uma necessidade, e exercícios, especialmente uma caminhada rápida, são "fantasticamente eficazes se estou preocupada com alguma coisa". Suas indulgências são as compras na Harvey Nichols e um personal trainer.

E agora a versão do meu marido, tendo convivido comigo...

"Destruída por um desafio"

Rita Clifton é a descontraída executiva-chefe da Interbrand, uma empresa de marketing que assessora marcas (Prozac, um antídoto médico para o estresse, é um exemplo). "Adoraria dizer que a pressão e o desafio me estimulam, mas a realidade é o oposto", diz Rita. Isso é um problema, já que ela tem uma equipe de 270 funcionários, uma mistura de profissionais financeiros e criativos. Ela comenta que raramente há um dia em que não se sinta sobrecarregada. "Há os momentos ocasionais em que me sinto positiva e estimulada, mas não dura muito tempo. Mesmo assim, eu só sirvo para três fatias de torradas e geleia e cair no sofá no final do dia. Eu gostaria de acertar em tudo, mas o status e o prestígio que vêm com a posição são viciantes."

Rita, uma mulher de 42 anos de aparência cansada, reconhece que ela se sente infeliz e insatisfeita a maior parte do tempo. Sua infância instável e sua insatisfatória vida familiar atual — ela tem duas filhas que mal vê — também contribuem para seu profundo mal-estar. Seu marido atual tem pouca simpatia por sua situação precária. No entanto, ela se esforça para apontar que é privilegiada: "Pelo menos eu não tenho que lidar com os cuidados de minhas filhas o tempo todo, por pouca recompensa emocional e absolutamente nenhum dinheiro."

Ela se descreve como uma pessoa do tipo que "varre para debaixo do tapete até que a sujeira se torne uma montanha". Ela afirma: "Tirar as coisas do caminho não é meu ponto forte. Se alguém telefona para marcar uma consulta para me ver sobre sua carreira, minha inclinação é adiá-la o máximo de tempo possível na esperança de que acabem levando suas lamúrias e lamentações para outro lugar."

Rita admite que se lembrar das coisas é cada vez mais difícil. "Estou convencida de que tenho Alzheimer precoce. Minha mãe está louca e acho que é só uma questão de tempo até que eu siga o mesmo caminho." Ela relata que carrega um pequeno ditafone para tomar nota de quaisquer novos pensamentos que tenha.

"Sem isso, eu esqueceria metade das tarefas que eu preciso obrigar meu marido a fazer todos os dias."

Ela não era particularmente organizada quando criança, e isso permaneceu inalterado em sua vida. "Aprendi a depender de outras pessoas para organizar minha vida e fazer as coisas."

Quando ela se sente sobrecarregada, encontra consolo nas batatas fritas e em várias taças de champanhe. "Acho que o álcool e os alimentos gordurosos são fantasticamente eficazes se estou preocupada com alguma coisa", diz ela. Isso, e sua aversão a qualquer forma de exercício, leva a noites de insônia.

"O único momento em que estou realmente feliz é quando estou fazendo compras na Harvey Nichols. Preciso dar um jeito de arrumar um personal shopper", conclui ela.

Ah, como eu ri. Somos todos humanos.

NOTAS PARA SI MESMO

- Busque alguma ajuda... seja de especialistas profissionais/pessoais/de autodesenvolvimento e mais coisas alternativas ou de mentores e amigos empáticos. O aprendizado vem de maneiras estranhas e maravilhosas (e você sempre pode se livrar das coisas estranhas).
- Pense em se expandir em vez de fingir. Nem todo trabalho é uma alegria, mas certifique-se de que é por um propósito.
- Conheça a si mesmo... eventualmente. Você pode ser todo tipo de líder se você quiser ser.

CAPÍTULO SETE

Vozes silenciadas

Sobre como qualquer um pode aprender a ser um bom comunicador. Sinceramente.

Você só precisa assistir a algumas das entrevistas e discursos entravados e nervosos de pessoas em público, quando sob pressão, para entender que é uma boa ideia ter confiança para falar em público. E com isso, não quero dizer declamação, ou ser capaz de ler em voz alta.

Não estou sugerindo que todos precisam ser oradores como Martin Luther King, John Kennedy, ou mesmo aquele pregador maravilhosamente teatral que falou no casamento do príncipe Harry e Meghan Markle. Da mesma forma, basta ver a ex-primeira-ministra britânica Theresa May falar por alguns minutos para sentir-se nervoso por ela, independentemente de seu posicionamento político, e irritado com a lição objetiva em geral.

Barack Obama é obviamente sublime (principalmente em fazer o teleponto parecer sincero). O antecessor de Theresa May, David Cameron, parece ter conquistado a liderança de seu partido político ao ser capaz de fazer um discurso decente sem notas. O presidente francês Emmanuel Macron, com seus excelentes discursos, também impressionou e convenceu a população a votar nele. Entretanto, na política, Tony Blair recebe o prêmio por ser capaz de encontrar o tom e as palavras certas sempre que necessário: por exemplo, após a trágica morte da princesa Diana em 1997, ele cunhou a imortal expressão "a Princesa do Povo". Mesmo que você ainda esteja zangado com Blair por causa da Guerra do Golfo, o fato dele ter sido tão persuasivo e convincente impulsionou seu apoio na época. Além da pequena questão de ganhar três eleições gerais, é claro.

Tony Blair também foi muito ridicularizado quando tentou falar de forma mais popular ao se comunicar com "o povo". Isso, alguns argumentaram, foi um exemplo de sua falta de autenticidade – afinal, ele era um garoto chique de uma escola superior privada em Edimburgo. Por que tentar ser tão íntimo?

Tenho uma perspectiva um pouco diferente sobre isto e por causa de um interesse sem vergonha. Sabe, eu costumava conduzir grupos focais de pesquisa de mercado como parte de uma de minhas funções. É quando grupos de cerca de oito pessoas de seu "público-alvo" se sentam na sala de estar de alguém discutindo qualquer coisa, desde sabão em pó até contas bancárias e partidos políticos.

Eu estava facilitando um grupo desses no extremo leste de Londres e, ao final da sessão, fui atrás do espelho falso onde alguns de meus colegas haviam observado a sessão para ter uma visão em primeira mão de seus consumidores. Devo enfatizar que essa observação sempre era feita com consentimento – nenhuma persuasão oculta sinistra estava acontecendo. Eu os encontrei rindo como loucos, e quando lhes perguntei o que era tão engraçado em questionar pessoas infelizes sobre a caspa, eles disseram: "Não foi isso, é que seu sotaque ficou cada vez mais estranho à medida que o grupo prosseguia!"

Devo confessar que fiquei patética e levemente magoada. Eu não estava realmente consciente de fazer isso e definitivamente não estava "forçando um sotaque". Eu parecia simplesmente ter absorvido de forma inconsciente a atmosfera e o tom de voz na sala, e me senti mais confortável em falar daquela maneira.

Descobri mais tarde que esse é exatamente o tipo de coisa que você é ensinado na Programação Neurolinguística (PNL), ou seja, espelhar a linguagem corporal e a cadência de voz das pessoas. As pessoas recebem um bom dinheiro para ensinar essas coisas e eu estava fazendo isso como parte da vida normal! Francamente, eu também não fazia ideia de onde vinha o meu suposto sotaque chique normal, mas minhas experiências mistas de infância e adolescência me deram algo para me inspirar. Não tenho certeza de onde é o banco de sotaques de Tony Blair, mas simpatizo com suas qualidades de esponja.

Não há nada de errado em mostrar empatia e conexão, e nada mais importante do que quando você está tentando transmitir suas opiniões para uma sala cheia de pessoas.

LIÇÕES DE PÉRICLES

Na Grécia antiga, o berço da democracia moderna, eles conceberam um sistema de democracia direta e votação (um sistema de "um homem, um voto" — infelizmente, naquela época, de fato significava apenas "homem" no sentido literal — e usando pedras como cédulas de voto). Os generais se dirigiam às hordas reunidas e tentavam obter seus votos em ações como se deveriam declarar guerra contra outras cidades-Estados e inimigos. O antigo comentarista histórico Tucídides disse que "era, em teoria, uma democracia, mas, na prática, o poder estava todo nas mãos de seu maior cidadão". Esse cidadão era Péricles, e esse poder era porque ele era um grande orador que podia agitar e persuadir a multidão à sua vontade.

Apresento-lhe o populismo original. Muito poderoso e, é claro, potencialmente muito perigoso. O diabo pode ter todas as melhores músicas. E o mundo digital permite agora uma demagogia em grande escala.

Esperemos que, se você for ou puder se tornar um grande orador, você use esse poder para o bem. Sem pressão.

Apareça como um ser humano.

Ser capaz de falar como um ser humano (que sabe do que está falando) é uma habilidade essencial não apenas para líderes, mas para qualquer um que queira ser tão eficaz e influente quanto puder.

Um exemplo triste e sério não sai da minha mente. Em 2006, duas crianças perderam a vida em Corfu, Grécia, quando uma caldeira defeituosa as envenenou. Como ser humano, foi horrível. Como mãe, era algo difícil de acompanhar. O CEO suíço da empresa, Peter Fankhauser, foi colocado em uma coletiva de imprensa para dar explicações. Fora da conferência, a família das crianças era humana demais em seu sofrimento. Em contraste, o CEO leu um discurso preparado de um comunicado de imprensa, de um teleponto, em frente a um painel empresarial azul e frio. Quase se podia ouvir os advogados no seu ouvido, dizendo-lhe para se ater ao roteiro. Era necessário um ser humano verdadeiro para falar nesta situação, e esse humano não apareceu. Em seu favor, posteriormente ele confessou que queria conversar em um nível pessoal e pediu desculpas à família pessoalmente. No fim das contas, ele era humano.

Em uma observação mais leve, tentar demais ser visto como humano ao falar, quando no fundo você acha que seu produto é lixo ou que seus clientes são estúpidos, também não é bom para a imagem de um CEO que tenta manter um negócio de pé. Gerald Ratner fez um discurso infame para o Institute of Directors em Londres em 1991,[1] no qual descreveu a qualidade de alguns de seus produtos como "lixo".

O colapso subsequente de sua empresa — e dele mesmo — apenas mostra que um estilo exagerado de falar em público leva as pessoas muito longe, mas se o conteúdo for uma porcaria em si, isso o levará tão longe que não terá graça. E isso ocorreu em uma era de relatórios analógicos. E ele até ensaiou seu discurso. Você ou precisa ter suas próprias faculdades críticas embutidas ou não ser tão arrogante e assustador que não possa pedir conselhos honestos para outra pessoa.

Cabeças falantes

Tive uma história confusa sobre falar em público. Incluí esse antigo exemplo grego de Péricles quando me pediram para fazer uma palestra TEDx alguns anos atrás nas Casas do Parlamento em Londres. Na época, eu estava um pouco nervosa de falar sem um púlpito e nenhuma anotação — e uma característica das palestras TED é que as pessoas tendem a usar esses microfones de cabeça e passear pelo palco. Veja a paródia de como fazer uma palestra TED (digg.com/video/ted-talk-parody.). Isso me fez sentir um pouco melhor de qualquer forma.

Por várias razões, o período que antecedeu o discurso foi um dos mais movimentados nos negócios de que me lembro (e sim, sei que parece uma desculpa patética... porque é). Eu tinha muito pouco tempo para preparar e ensaiar, e iria falar sobre um tópico novo para mim — era sobre "rebranding a democracia". Estupidamente, eu pensei em dar uma chance a cartões de anotações. Eles podem funcionar para algumas pessoas, mas é melhor não usá-los pela primeira vez diante de um grande público em um evento televisionado.

Basta dizer que fiquei confusa com os cartões, esqueci minha linha de raciocínio e basicamente não fui muito bem. Infelizmente, ainda é um dos principais vídeos relacionados que aparecem quando as pessoas pesquisam sobre mim no Google. Eu gostaria muito de banir aquela apresentação da existência e fazê-la novamente, porque agora eu adoro aqueles microfones de cabeça! Eu adoro passear pelo palco! Treinei a mim mesma para não precisar de notas (a maior parte do tempo pelo menos)!

A chave é... *praticar.*

Na verdade, eu vou modificar isso. Há muitas pessoas que parecem ter o dom, seja pela confiança natural, ou que aprenderam com seus pais ou pares, seja pela custosa confiança de frequentar uma escola conhecida. E então, trata-se de garantir que você tenha algo interessante a dizer e aperfeiçoar.

A propósito, vou até modificar esse "algo interessante a dizer". Quer queiramos ou não, quando se trata de falar em público, a entrega ainda supera o conteúdo. A pesquisa varia, mas, supostamente, cerca de 93 por cento das impressões das pessoas a partir de um discurso são obtidas da linguagem corporal e do tom de voz, cerca de apenas sete por cento das impressões são sobre o que é realmente dito.[2] Isso pode parecer deprimente e superficial, mas é a natureza humana e provavelmente é uma boa ideia trabalhar com ela.

Certamente demorou muito tempo para que eu conseguisse colocar isso na minha cabeça. Depois de fazer um pouco de coisas de palco quando criança, principalmente dança, mas também peças escolares, quando cheguei à adolescência, descobri de repente uma autoconsciência extrema e um medo extremo de palco de qualquer coisa que parecia atuar ou falar em público. Isso continuou na época da universidade e no início da carreira, quando minha voz rangia e minhas mãos tremiam visivelmente quando eu tinha que fazer qualquer coisa parecida com uma apresentação. Se algo assim acontece com você, é uma má ideia segurar um pedaço de papel ou apontar para qualquer coisa em um gráfico, afinal, isto é uma revelação de nervosismo.

Para tentar superar isso, eu costumava escrever cada palavra que eu queria dizer e, pior ainda, depois continuar a ler tudo isso na apresentação real. As palavras podem até ter sido interessantes, mas com minha cabeça baixa, murmurando e tremendo, meu público provavelmente estava pensando em suas listas de tarefas, rabiscando ou fazendo qualquer coisa que os distraísse, enquanto rezavam para que aquilo terminasse. Naquele tempo, obviamente não havia nada como um smartphone, você não podia fingir estar pesquisando algo ou *twittando*. Ao longo dos anos, eu me tornei capaz de vislumbrar de vez em quando as minhas anotações e tentar lembrar de sorrir ocasionalmente também.

Foi necessária uma intervenção um pouco brutal por parte de uma executiva sênior para fazer qualquer melhoria significativa. Ainda estou em dívida com ela, e não percebi o quão incomum era ela ser uma mulher com um cargo tão importante naquela época — embora o preço que ela sentia que tinha que pagar naquela época fosse ter que agir como um homem executivo e não ter filhos.

Estávamos promovendo um negócio realmente importante e influente, e eu deveria estar apresentando a estratégia. Fiel à forma, eu havia escrito meu roteiro.

Quando estávamos ensaiando, ela me observou e disse, com leve horror: "Você não pretende ler isso em voz alta, não é mesmo?"

Fiquei vermelha e murmurei algo sobre como eu sentia que era importante escolher as palavras certas.

Ela se adiantou, pegou minhas anotações e disse: "Olha, isso é muito bom e você não precisa dessas anotações."

E quer saber, eu não precisava.

Depois de um pânico inicial sobre não poder memorizar tudo o que eu tinha escrito, e de balbuciar um pouco, consegui dizer algo que refletia vagamente o que eu sabia.

Fui capaz de realmente olhar para as pessoas enquanto eu falava, em vez de enterrar minha cabeça em minhas anotações.

A lição para mim (e uma que tive que reaprender muitas vezes) é que discursos e apresentações não precisam ser um teste de memória, que você NUNCA se lembrará de todos os detalhes e nuances de exatamente tudo que quer dizer. Porém, se você realmente pensou na linha narrativa principal, pode se lembrar de alguns fatos e frases e pode olhar para o público com confiança e, de preferência com algumas imagens decentes, você geralmente consegue.

Depois de vários cursos e ainda mais discursos ao longo dos anos, eu melhorei e pensei em compartilhar com vocês as lições mais úteis. Não preciso dizer que estas não substituirão o vasto número de excelentes livros e sessões de treinamento profissional sobre "como fazer um discurso". Falar em público é uma habilidade importante para progredir no mundo e exercer influência nas coisas com as quais você se importa.

Para ser clara, não estou defendendo que você precisa ser um "grande executor" ou artista de cabaré para ser um bom orador. Você não precisa nem mesmo ser extrovertido. Alguns dos oradores mais convincentes são os mais quietos, que reconhecem o poder do silêncio. Mas você tem que conquistar sua voz interior que diz que não pode fazer isso e substituí-la por outra coisa.

SAIBA COM QUEM VOCÊ ESTÁ LIDANDO

Um presidente de alto nível me pediu para falar em um jantar de executivos seniores e ele me pediu para comentar sobre o que estava acontecendo no mundo das marcas, além de quais implicações poderia haver para este grupo de pessoas, que representava a diretoria de uma associação internacional de comércio de viagens. Minha desculpa, que soará familiar a essa altura, foi que eu estava excepcionalmente ocupada até a sessão, atendendo ligações de clientes até minha chegada, e não tinha tido tempo de verificar os antecedentes dos participantes.

Iniciando o discurso no jantar e o aquecendo para o meu tema, lancei-me em algumas observações passageiras e ligeiramente críticas da Nokia, que havia vendido recentemente seu negócio de aparelhos telefônicos à Microsoft por (relativamente falando) quase nada. Alguns anos antes, eles tinham sido valorizados como uma das marcas líderes mundiais, por isso era uma grande queda. Eu nunca havia trabalhado diretamente para a Nokia, mas meus comentários sobre as razões para sua queda foram baseados em algumas pesquisas bem estabelecidas por acadêmicos de renome. O que eu não havia verificado foi que um dos convidados não só havia trabalhado na Nokia, mas também tinha a responsabilidade da marca a seu encargo. Minhas "observações" não ficaram sem contestação. Inevitavelmente, ele era ao mesmo tempo defensivo e agressivo, e a troca foi um pouco embaraçosa para os outros convidados em geral. Se eu tivesse percebido a conexão com a Nokia, eu ainda a teria mencionado, mas provavelmente teria "moldado" melhor meus comentários.

Dizer o quê?

Se eu tivesse qualquer outra regra/orientação/lição geral doce e amarga depois de fazer milhares de apresentações em minha vida, variando das excruciantes às bem recebidas, passando por uma quantidade razoável de mediocridade, elas seriam:

Preparando-se

- Seu discurso precisa ter uma ótica clara com início, meio e fim.
- Os piores discursos que fiz foram aqueles que combinaram um pouco de leitura em voz alta com a falta de um ponto claro. Mesmo que você entregue isso ao seu público com uma leve cobertura sobre as rachaduras /falsa confiança, você não vai enganar as pessoas.
- Conheça seu público. Saiba o que pode incomodá-los.
- A estrutura é importante e lhe manterá concentrado.
- Saiba quem está na extremidade receptora e no que eles podem estar interessados. Faça uma lista e agrupe-os em três temas.
- Que informação você pode trazer com exclusividade e que possa ajudar e interessar o seu público? Liste isso ao lado.
- Entre no chuveiro e pense em sua estratégia introdutória para fazer as pessoas pensarem que vão ouvir algo útil (por exemplo, "Hoje espero mostrar como conseguir x, y e z" ou "Esta apresentação vai captar todos os últimos conselhos sobre como parar de se preocupar, ganhar muito dinheiro e nunca mais ter que fazer trabalhos que não lhe agradam de novo". E assim por diante. Eu gosto das coisas em trio. Três é bom. Três é um número mágico. Muito além de qualquer outra coisa, eu consigo lembrar de umas três coisas.

Escrevendo

- Sua introdução deve preparar o que você quer dizer e fazer com que as pessoas prestem atenção, porque parece que poderia ser muito relevante.
- Reúna suas provas e exemplos em três seções que desenvolvem e sustentam sua história. Tente usar imagens, citações e peculiaridades para ilustrá-la, assim, pode se guiar aos pontos certos.
- Faça sua apresentação sem lista de tópicos. (Eu não tenho um número máximo de slides para apresentações. Você pode usar

alguns como vislumbres momentâneos, outros apenas para funcionar como cenários de fundo interessantes. Mas você deve ser o evento principal como orador. Não os slides.)

- Use o máximo de histórias e anedotas de "negócios pessoais" que você puder.
- Tenha cuidado ao usar exemplos de empresas com as quais você não trabalhou, não pesquisou adequadamente ou que possa ter alguém no público que as conheça intimamente e talvez queira dar uma opinião.
- Certifique-se de que qualquer slide seja bem produzido, por você ou por um designer amigável. E absolutamente nenhum erro é permitido. Erros ortográficos dão a impressão de que outras coisas podem não ter sido verificadas corretamente, ou podem ser imprecisas.
- Certifique-se de saber qual é o arco da história e as conexões.
- Certifique-se de ter pelo menos uma ou duas frases de destaque que capturem os principais pensamentos e, de preferência, ajudem as pessoas a se lembrarem.

Ensaiando e apresentando

- Tente memorizar suas frases de abertura. Elas precisam assegurar ao público que você será um orador bom e confiante e que você passou algum tempo considerando o que eles acharão interessante e podem roubar em uma data posterior.
- Fique de pé e apresente-se (ou caminhe de forma objetiva, se for melhor). Faça com que pareça mais uma conversa do que uma proclamação.
- Se o público estiver parecendo desinteressado, faça uma pergunta que o leve a interagir (por exemplo, quem acha que a Apple ainda será uma marca líder em cinco anos? Quem não acha?). Isso às vezes pode acordar as pessoas.

- Encerre com algo como "Então, o que espero deixar para vocês são estes três pensamentos/perguntas/provocações".
- Aguarde um aplauso estrondoso.
- Se houver uma sessão de perguntas e respostas, tente responder com rapidez e de forma descontraída. Eu já me estendi em respostas por muito tempo, diversas vezes e as pessoas dispersavam e desejavam não ter perguntado.
- Diga obrigado. É isso.
- Vá e faça conexões, obviamente, depois de ter levado muitos cartões para todas as perspectivas de negócios que você (espera-se) vai conseguir.

NÃO FAÇA UM DISCURSO, FAÇA UM SHOW

Às vezes, se você estiver confiante o suficiente diante do público certo, quebrar as convenções pode funcionar melhor. Um dos discursos de que me lembro foi do então diretor criativo da Saatchi & Saatchi, Paul Arden, que foi responsável por algumas das campanhas mais memoráveis da história da publicidade britânica. Não uso a palavra gênio levianamente, mas ele foi um. Curioso, com princípios, extravagante, atemporal.

Ele estava fazendo um discurso para toda a Saatchi e queria enfatizar a importância da bravura e da criatividade. Ele achava discursar um pouco complicado – na verdade, ele era um pouco tímido e um homem de ideias visuais; veja seus livros brilhantes, como: *Não basta ser bom, é preciso querer ser bom* e *Tudo o que você pensa, pense ao contrário*. Tornou-se parte de sua marca pessoal dizer menos e mostrar mais. Dessa vez, porém, ele começou a ler o que parecia ser um discurso mais convencional, em seu estilo hesitante. Então, ele parou e começou de novo. No início, todos nós pensamos que ele havia cometido um erro, mas depois ficou claro que *aquela era a questão*. A coragem e a criatividade foram tão importantes naquele negócio, que ficou sendo dito tudo de novo. Pode parecer um pouco de fingimento nestes tempos cínicos, mas nós prestamos mais atenção na segunda vez, e lembramos dela. Outros exemplos de seus discursos foram quando ele tinha um homem nu ao seu lado, e uma vez um violoncelista tocou durante todo o seu tempo de discurso enquanto ele estava ali. Como ele diria: "Não faça um discurso, faça um espetáculo."

Isso funcionou em um negócio criativo, mas obviamente pode não funcionar tão bem em um banco.

Linguagem corporal

Tenho certeza de que você tem seus próprios filmes da Disney favoritos. Um dos meus é *A Pequena Sereia*, e particularmente as partes com Úrsula, a bruxa do mar. Sei que a história por trás disso é cruel, triste e problemática; Ariel, a sereia, está disposta a desistir de tudo – sua voz, sua casa, sua cauda de sereia – para convencer um homem a se apaixonar por ela. Não é um grande exemplo para meninas e mulheres jovens.

Entretanto, meu maior momento de riso é quando Úrsula está tentando convencer Ariel a abrir mão de sua bela voz para receber pernas em troca. Em certo momento, Úrsula está explicando que ser incapaz de falar não é necessariamente um grande problema. Enquanto ela se vira e se afasta, diz "...e não subestime a importância da... LINGUAGEM CORPORAL", enquanto ao mesmo tempo ela balança sua significativa retaguarda.

Ela não está errada nisso. Especialmente quando se trata de se apresentar em público. Como mencionei, mais da metade das impressões das pessoas vêm da linguagem corporal. Vale a pena tentar administrar isso com consciência. De fato, acho que isso lhe dá confiança. Não estou falando sobre poses ridículas que supostamente fazem você parecer "forte", e maneirismos das mãos que supostamente transmitem "confiança". Francamente, isso pode fazer com que as pessoas pareçam estar tentando falar em uma conferência de esquema em pirâmide.

É bom encontrar seu próprio caminho.

O que notei nos primeiros dias em que falava no palco era que às vezes eu cruzava as pernas e batia as mãos quando elas não tremiam de forma distrativa. As pernas cruzadas pareciam fechadas e tímidas, como se eu não quisesse realmente estar lá (não queria, na maioria das vezes, é verdade). As mãos inquietas pareciam nervosas e distraíam. Vi tudo isso por mim mesma quando fui filmada pela primeira vez em um curso. Fiquei tão horrorizada quanto grata.

Uma das poucas coisas que eu obtive dos livros de autoajuda foi sobre como poderia ser útil visualizar-se da maneira que você quer parecer, antes de começar a falar. Portanto, rode um vídeo na sua mente sobre como você deve ser e soar quando estiver falando. (Os livros muitas vezes dizem que você deve tocar um ponto de pressão em seu pulso ou algo assim, para fixar essa imagem em sua mente, para que você possa evocar essa sensação em uma data posterior. Funciona para alguns.) Isso pode parecer estranho, mas tem sido muito útil — e é uma técnica usada por atletas que visualizam a corrida e a vitória na outra ponta. Obviamente, não pode funcionar para todos eles, mas você sabe o que quero dizer. Eu tenho usado essa técnica para garantir que minha cabeça esteja centralizada, na posição correta para parecer mais confiante, ao invés de inclinada para um dos lados, o que parece desolador. Também para que meus ombros estejam retos em vez de nervosamente inclinados, o que também ajuda com a voz. Da mesma forma, uso gestos firmes das mãos e começo equilibrada em dois pés. Também é bom pensar na expressão que você idealmente gostaria de ver em seu rosto, e na cadência e ritmo de como você quer definir o tom.

Apenas respire

Descobri que a respiração também é bastante útil. Tanto em geral, quanto na respiração consciente.

Não sei se você gosta ou não de ioga, mas além das posturas habituais, o que ela me ensinou foi sobre como fazer uma respiração profunda de cima para baixo. Primeiro você respira lentamente no estômago, depois incha o peito e depois volta a usar o estômago. É mais fácil do que parece quando você se acostuma, e é essencialmente como a respiração "diafragma contra apenas o peito", da qual muitos profissionais e apresentadores falam.

Caso seja útil, também achei esse tipo de respiração bastante útil para dormir em momentos estressantes, principalmente se você for conscientemente capaz de esvaziar sua cabeça ao mesmo tempo.

Um dos benefícios das respirações conscientes é que elas não só fazem você se sentir mais calmo antes de entrar "no palco" (qualquer palco, apresentação importante ou pequena reunião), mas também tem vantagens para outra coisa fundamental sobre falar em público...

A voz

Confesso que gosto daqueles reality shows que apresentam cantores conhecidos (ou antigamente conhecidos) transformando suas vozes, seja de estrela pop a de ópera ou estrela de novela para de teatro. Mostra como a voz é versátil, e como pode ser gerenciada e controlada conscientemente. Claramente, todos teremos uma faixa "natural" que é nossa voz padrão, mas mesmo esta pode ser afinada e ajustada com um pouco de trabalho e prática. É claro que os atores fazem isso o tempo todo, para nos permitir vê-los em qualquer papel.

O que eu obviamente não quero dizer é algo parecido com a antiga elocução ou o tipo de pronúncia recebida de formação e treinamento. Uma das melhores coisas de nossa sociedade em transformação tem sido a aceitação e celebração de diversos sotaques, origens e estilos de fala.

A "transformação de voz" mais famosa e perceptível na vida pública foi a da ex-primeira-ministra britânica Margaret Thatcher. Isso é notável ao comparar gravações dela quando estava na política pela primeira vez, em oposição à sua era da "Dama de Ferro". Nos anos 1970, seu objetivo era ser uma "líder forte" no que era o mundo dos homens, seus conselheiros raciocinavam que ela precisava ter uma voz forte para acompanhar isso. Para uma mulher na época, isso significava ter um tom mais profundo, mais poderoso e mais ressonante, que parecesse mais confiante e autoritário. O resultado foi muito explorado na sátira política, mas foi, do ponto de vista dela, muito eficaz. "Rapidamente, o tom de voz agressivo de dona de casa deu lugar a notas mais suaves e uma suavidade que raramente se perdia, exceto sob extrema provocação", escreveu seu biógrafo Charles Moore. E sim, eu também achei isso enfurecedor e condescendente.

Pesquisas têm mostrado a preferência das pessoas por líderes com tom de voz mais baixo, uma preferência forte o suficiente a ponto de impactar eleições. Não estou sugerindo que "soar profundo" seja a resposta certa em todo caso, seja homem ou mulher, mas há um desafio prático que as mulheres me dizem sentir em particular, que é fazer-se ouvir se você tem uma voz naturalmente mais suave, mais elevada, e também projetar confiança suficiente por meio de sua voz. Muitas vezes eu vi um potencial real em mulheres jovens, mas, pela razão que fosse, elas me disseram que se preocupavam com a dificuldade ou o potencial de não se sentirem aptas para fortalecer sua voz. Claramente, a sociedade deveria aceitar que existem muitos caminhos para o poder e influência que soam diferentes, mas a pesquisa das ciências sociais nos diz que ainda estamos muito longe disso.[3]

Eu costumava sofrer de síndrome de "voz alta nervosa" em discursos; uma vez que você começa uma palestra em um registro superior, é difícil descer dali, e você pode ficar preso naquele tom superior. Quando você está nervoso, seus músculos da garganta ficam tensos e seu tom de voz sobe. Eu tenho uma coach vocal para me ajudar no final das contas. Ela havia ensinado como cantora e atriz, mas também havia ensinado pessoas em lugares como escritórios de advocacia (todas aquelas defesas precisam de uma voz persuasiva em vez de uma voz irritante). Ela fez comigo aquela coisa de respiração profunda (voz do "peito contra a da cabeça"), ajustes e exercícios de voz. Isso me ensinou a pensar conscientemente sobre o tom de voz inicial.

Os olhos dizem tudo

Oradores confiantes têm um olhar fixo. Bom controle dos olhos. Não tenho certeza de quantas pessoas fazem isso naturalmente, mas desde que percebi isso em um curso de treinamento formal, notei a enorme diferença que pode fazer em qualquer reunião e situação de fala. Você pode notar algumas pessoas olhando ao redor da sala enquanto falam, olhando rapidamente de rosto em rosto. Se você não tiver cuidado, isso pode parecer ansiedade e como se você estivesse tentando obter a aprovação de todos; você pode realmente estar nervoso ou buscando aprovação, mas não causa boa impressão. Em uma das sessões de treinamento de apresentação mais úteis que tive, fui aconselhada a contar até quatro antes de passar de um rosto para outro. Isso pode soar um pouco estranho e um pouco teatral, e você precisa contar silenciosamente para si mesmo, mas na verdade, ajuda você a entrar em um ritmo de fala mais confiante. Além disso, se você se concentrar em um rosto de cada vez, isso o ajudará a sentir uma melhor conexão com seu público e a se mostrar mais como conversador em vez de declamar sobre a cabeça de uma massa sem rosto.

OLHOS NOS OLHOS NAS APRESENTAÇÕES

Olhar para cima deve ser apenas para uso deliberado — ou seja, quando você está tentando fazer um pequeno ponto de vista de palco, ou se você quiser se apresentar como um gênio criativo ou um personagem sonhador.

Olhar para o lado é geralmente uma má ideia porque pode fazer você parecer deslocado, como se você tivesse perdido a concentração ou estivesse dizendo uma inverdade. Isso obviamente não é o mesmo que dar um olhar lateral, que tem seu uso teatral.

Olhar para baixo para pensar antes de responder perguntas é melhor para a autoridade e pode ser bastante útil para coletar seus pensamentos ou obter uma visão sorrateira de suas anotações.

Cale-se e prossiga

Outra coisa que tenho notado sobre oradores é que eles usam o som do... silêncio.

Eles usam isso de duas principais maneiras. Primeiro, para deixar as palavras respirarem um pouco (assim como você). É tão tentador tagarelar e tentar acabar logo quando se está nervoso. Segundo, se você deliberadamente disse algo que acha ser um pouco engraçado e está esperando que as pessoas possam rir — bem, pare um pouco e deixe-as. Falar para um público maior geralmente significa uma reação tardia e a última coisa que você quer fazer é começar a falar novamente antes que eles tenham tido a chance de perceber a piada.

Esta última coisa, no entanto, é também um teste de nervos. Há uma razão pela qual os comediantes gostam de testar seu material com um público menor antes de fazer uma apresentação em um grande palco. Dizer algo, fazer uma pausa para risadas e receber o silêncio é uma coisa triste e solitária.

Tenho uma história sobre essa corda bamba que ainda me faz acordar durante a noite.

Fui convidada a fazer um voto de agradecimento a um CEO muito importante, que estava fazendo um discurso em um jantar de negócios. Ele foi interessante e profissional, e falou muito sobre os pontos fortes e o significado de "sua marca".

Ao explicar o trabalho de pesquisa que tinham feito para entender e articular o que a marca representava, ele fez uma pausa para fazer efeito, e depois disse: "Nossa marca é sobre ser... vermelho, firme e inquieto".

Eu engoli em seco.

Quando se tratou do meu voto de agradecimento, obviamente o agradeci por um discurso muito bom, disse que adoramos quando ele nos falou da marca e que... no que diz respeito a "*vermelho, firme e inquieto*", bem... Isso sempre me agrada.

Você pode ter precisado estar lá, mas assim que aquelas palavras sugestivas saíram da minha boca, houve um silêncio atordoante na plateia.

Uma mulher até ofegou.

Pensei para comigo mesma: "Desta vez fui longe demais."

Pode ter sido apenas um segundo, mas pareceu que minutos depois, o público finalmente irrompeu em risadas e depois em aplausos.

Foi, no mínimo, um alívio.

Eu não recomendaria velejar tão perto do vento. Eu sabia o quanto estava perto do vento quando o organizador me deixou um bilhete no dia seguinte, agradecendo-me pelo "memorável" voto de agradecimento. Ele disse: "Foi um discurso fantástico, mas arriscado."

Em outras palavras, quase foi longe demais.

Mesmo que algumas pessoas ainda mencionem isso anos depois, eu não recomendaria ir muito longe a menos que você tenha o couro de um rinoceronte, nervos de aço e uma amnésia conveniente.

Eu não tenho nenhum deles.

Mas, isso não nega a necessidade de pausas em certos pontos quando se fala. É melhor apenas ensaiar o que você vai dizer — talvez com um amigo objetivo para avisá-lo quando algo vai cair por terra ou fazer com que você seja demitido.

No final, é tudo uma questão de... timing. Dê um tempo.

Olha, mãe, estou na TV

Se você gosta de uma carreira como comentarista, ou se você é apenas solicitado a aparecer na TV (ou fazer qualquer coisa na mídia), meus conselhos são:

a. a resposta é sim, agora qual é a pergunta;
b. seja um grande produtor de conteúdo/ideias/pesquisa/exemplos/ângulos.

Ter algum tipo de perfil de mídia é uma ótima maneira de aumentar o valor de sua "marca pessoal", seja lá o que você faça.

Eu digo "diga sim", porque os principais canais têm prazos tão apertados que, no momento em que você se pergunta se tem algo a dizer, se você pode se dignar a dizer alguma coisa, se você pode se preocupar em sair da cama ao amanhecer e/ou reorganizar aquela bebida que você tinha combinado com os amigos, os canais de notícias terão passado para outra pessoa.

Você tem que se esforçar por esse tipo de oportunidade. E, acredite em mim, se o tópico da notícia for algo que possa ser relevante para qualquer coisa que você possa saber, você geralmente pode encontrar uma maneira de conectá-lo ao seu ponto de vista sobre o mundo/empresas/qualquer coisa:

- Aconteça o que acontecer, você só precisa pensar no que o espectador vai ver e ouvir de você e que impressão ele vai ter (novamente, ele é o verdadeiro público);
- Pense, escreva e ensaie algumas frases ou falas interessantes que você acha que podem ser amplamente relevantes para o tópico e ajudar você ou ao propósito de sua organização;
- Não fique muito preso ao entrevistador individual e em suas perguntas. Hesito em dizer que pode ser uma boa ideia copiar o comportamento de políticos em entrevistas, que é dizer algo como (a qualquer pergunta que eles não querem responder, ou para um ponto de vista que eles querem transmitir a qualquer custo): "Bem, essa é obviamente uma pergunta muito boa, e a resposta simples é xyz. Mas a coisa mais importante aqui é... [preencha sua própria linha de partido/espaço em branco]";
- Você pode então moldar um pouco a entrevista se tiver sorte, e usá-la para promover seu perfil e ponto de vista;
- Tente se ver como os outros podem vê-lo na tela (e talvez no sofá). Um pouco como quando você está fazendo um discurso público.
- Visualize sua linguagem corporal, sua maneira, como você pode estar se envolvendo no que está dizendo.
- Há três de vocês nessa relação, e a pessoa mais importante é o espectador.

Além de tentar fazer com que os principais canais de mídia lhe deem tempo no ar, obviamente você pode produzir conteúdo por conta própria e fazê-lo se disseminar — a um custo mínimo hoje em dia (e se você fizer ou disser algo suficientemente interessante, isso pode muito bem ser captado de forma mais ampla, é claro). No entanto, os mesmos princípios se aplicam. Pense por quem você está fazendo isso, e o que eles podem precisar ver e sentir como resultado de vê-lo. Organize suas características e a si mesmo de acordo com isso.

E finalmente...

Última reflexão sobre discursos e sobre dominar o nervosismo.

Muitas vezes você não os conquista.

Um dos melhores e mais espirituosos oradores que eu já ouvi (que agora está na casa dos noventa anos) confessa que muitas vezes vomita antes de um discurso. Ele ainda se sente nervoso assim. Isso é um aprendizado para toda a vida. Use suas preocupações e nervosismo como motivação para se preparar. Ironicamente, muitas vezes são aqueles que se preocupam e se incomodam mais que dão os maiores passos.

E quanto "àquela voz" que pode ter dentro de si dizendo que você não vai conseguir, que tudo é aterrorizante, que você é um impostor... Bem, tente abaixar o volume dela, imagine-a com um timbre bobo como o do Pato Donald, do qual você possa rir.

Ou, alternativamente, mande-a para aquele lugar.

NOTAS PARA SI MESMO

- Você precisa se tornar bom em falar em público. Sim, realmente precisa.
- A forma geralmente supera o conteúdo, quer queiramos ou não. Fique de pé, olhe, respire, fale bem nos olhos e ouvidos da sua mente.
- Use os nervos e a adrenalina. Ou há sempre os florais de Bach.

CAPÍTULO OITO

Ampliando habilidades e expandindo a vida

Sobre como acrescentar boas ações à sua vida profissional – e um olhar honesto sobre assuntos pessoais

Eu tinha sete anos quando fiquei obcecada por um programa de televisão da BBC chamado *The World About Us*. Ele está ultrapassado agora, mas minha obsessão com o apresentador continua até hoje. Recentemente, ele foi inapropriadamente descrito como o octogenário mais sexy.

Esse apresentador é, é claro, sir David Attenborough.

Nos velhos tempos, ele usava shorts cáqui e passeava por florestas tropicais, sentava-se com gorilas de montanha e, em geral, era o homem mais inteligente do planeta para mim. O programa mostrava o suficiente das coisas desagradáveis que assustavam uma jovem garota (eu) e uma geração, levando-nos a chorar e a nos preocupar.

Eu chorei enquanto observava uma bela, vasta e antiga árvore da floresta tropical sendo serrada para limpar a terra para os humanos.

Como as pessoas poderiam fazer isso com um ser vivo tão incrível? E quanto aos pobres animais e à vida selvagem que viviam naquela árvore? Para onde eles iriam?

Aos sete anos de idade, eu não tinha muito domínio das sutilezas da geopolítica, da corrupção e dos efeitos da pobreza miserável sobre as preocupações humanas. Obviamente, se uma família tem a escolha entre comer para sobreviver e conservar uma árvore, então a árvore, por mais incrível que seja, vai embora.

Mesmo que minha perspectiva tenha se tornado moderada ao longo dos anos, essa angústia e aborrecimento nunca me abandonaram, e o meio ambiente tem sido meio que uma coisa da vida para mim.

Além do interesse pessoal, o que eu achei realmente gratificante foi o poder de "ter uma coisa" na vida em geral que pode ou não estar ligada ao trabalho diário. Quando eu estava na universidade, nunca me ocorreu que era possível ter uma carreira ligada ao meio ambiente.

Por que ter "uma coisa"? Bem, ter uma coisa na vida geralmente significa que você sempre tem algo que o ilumina, é um canal para sua paixão e não se parece com trabalho. Você pode ou não ter a sorte de torná-la o centro de sua vida profissional, mas ela terá benefícios difíceis e leves.

A coisa sobre as coisas...

Eis a coisa sobre a coisa. Ela pode ajudar sua carreira e ampliar sua esfera de influência de maneiras inesperadas e maravilhosas.

Enquanto entrava no mundo comercial da publicidade, mantive meu interesse pelo meio ambiente, permaneci membro da WWF e do Greenpeace e continuei presa à televisão sempre que David Attenborough aparecia.

Durante os primeiros anos de trabalho, percebi que minhas opiniões sobre o meio ambiente eram:

a. um pouco estranhas para a maioria, porque elas estavam à frente de seu tempo, naquela época;

b. entediantes para muitas pessoas, que tinham outros objetivos, como ficar realmente ricas, ou ir a festas;

c. não exatamente compatíveis com a fabricação e venda de muitas coisas no sentido convencional.

Ainda tenho uma carta maravilhosamente condescendente de um dos meus primeiros clientes na publicidade. Eles fabricavam produtos de papel íntimo, como papel higiênico e absorventes, e deixavam um rastro grande e sujo. Com a grande velhice dos meus 25 anos em meados dos anos 1980, eu tive a coragem de escrever ao diretor de marketing sênior para dizer que todas as evidências mostravam que o meio ambiente estava se tornando uma questão significativa para as empresas e o governo, e que eles deveriam planejar mudar para se manterem no topo. A resposta foi perfeitamente agradável, mas esqueceu-se do principal. Ele falou de como o meio ambiente era uma questão de nicho (embora, é claro, o meio ambiente só afete toda a humanidade e o mundo natural em sua totalidade — Dã!), que sua empresa era *mainstream* e, portanto, não tinha planos de fazer nada radical. Mas que, é claro, eles iriam monitorar a situação, e assim por diante.

Sabe aqueles filmes sobre apocalipse ambiental (ou qualquer outro tipo de apocalipse), quando o político desagradável e/ou executivo corporativo é o primeiro a morrer de um modo horrível devido ao meteoro/tsunami/ataque nuclear/dinossauro reconstituído? Eu tinha algumas fantasias como essa, mas decidi que talvez fosse melhor mudar as coisas para me vingar.

A ajuda veio de uma fonte improvável em 1988, quando, completamente do nada, Margaret Thatcher fez um discurso para a Royal Society, no qual ela disse que o meio ambiente e a mudança climática eram questões cruciais para a humanidade e precisavam ser abordadas.

De repente, eu me tornei a garota mais popular na escola, ou melhor, na Saatchi & Saatchi. Lá estava eu, uma publicitária que sabia muito sobre o ambiente, que era exatamente sobre o que os clientes queriam saber. Criei a Unidade Verde, na qual eu deveria assessorar os clientes. Eu vou colocar um véu sobre a falta de popularidade de meus conselhos na época, que era que as empresas realmente precisavam fazer algo sobre a proteção ambiental se quisessem fazer propaganda. Eu me vi lutando contra uma maré de lavagem cerebral verde, com empresas desesperadas para dizer algo, QUALQUER COISA, que pudesse de alguma forma mostrar a seus clientes que elas eram responsáveis e muito verdes. Digamos que havia muitas palavras evasivas, acompanhadas de imagens de bebês, coelhos, árvores e globos.

Criando ondas como alguém de dentro

Embora esse tenha sido um período frustrante, duas coisas aconteceram. Em primeiro lugar, consegui fazer alguns discursos de conferência sobre a importância do meio ambiente para os consumidores e, portanto, as empresas precisavam agir. Em segundo lugar, consegui encontrar todo tipo de pessoas que eram ativas no movimento ambiental, a quem tentei ajudar e com quem trabalhei em várias funções ao longo do tempo. Fui convidada a fazer parte de vários conselhos consultivos ecológicos do governo, da Comissão de Desenvolvimento Sustentável e dos conselhos da WWF e de outras organizações ambientais. É claro que isso foi principalmente pro bono, mas não só satisfez "aquela coisa" novamente, como também me deu estímulo extra para minha marca.

Aprendi também que, às vezes, para fazer diferença de verdade, pode ajudar mais estar dentro dos negócios e não ser um grupo de pressão externo. Consegui me infiltrar em todos os tipos de pesquisa e programas de mudança de "responsabilidade corporativa" sob cobertura corporativa usando a linguagem dos negócios. Foi muito mais fácil do que acampar fora de uma usina nuclear ou deitar na frente de escavadores.

Atualmente, o meio ambiente e a sustentabilidade estão se tornando devidamente incorporados à estratégia empresarial principal, assim como muitas políticas governamentais. Em parte, devido às pessoas de pensamento correto e às exigências dos clientes/cidadãos, mas também, sejamos realistas, porque a indústria de seguros e de investimentos vê as grandes empresas, sujas e poluidoras, como um pouco de risco. Quem diria?

Ainda temos um longo caminho a percorrer para garantir que não sufoquemos, fritemos ou obliteremos o planeta, mas é um trabalho em andamento.

E sim, tudo isso acabou me levando a conhecer David Attenborough pessoalmente.

Agora, sempre que as pessoas me dizem que, sim, o meio ambiente é importante, mas na verdade, o mais importante para elas são questões como pobreza/educação/doenças preveníveis e assim por diante, eu transmitiria as palavras de um ex-prefeito da Cidade do México. É verdade que ele estava lidando com alguns problemas de poluição bastante graves, pois a Cidade do México está situada em uma panela cercada por montanhas com uma tampa de nuvens, e por isso corre o risco de ser envenenada ou fervida. Ele disse algo como: "Se não resolvermos a questão ambiental, não haverá mais nenhum outro problema com o qual nos preocupar."

Agora, não vou discutir com você sobre o que vem primeiro, a galinha do Armagedom ou o ovo tóxico, mas você entendeu o recado.

Fazendo bom uso da sua coisa

Você pode ampliar sua experiência e habilidades, bem como sua motivação, tendo aquela coisa extra na sua vida, seja lá o que for. Seja ou não relacionada ao trabalho remunerado que você faz todos os dias, ela mostrará a qualquer um que se importa que você é uma pessoa interessante, que passou por diferentes organizações e desafios além do comum. Em particular, você pode ser capaz de obter experiência de sentar-se ou aconselhar uma diretoria e fazer coisas como governança corporativa bem antes de ter a oportunidade de fazer isso formalmente em um trabalho principal, ou em uma organização maior. Enquanto a governança corporativa pode soar como algo para cantar quando se sofre de insônia, é importante saber o que é e como fazer para subir no polo corporativo, bem como ajudá-lo a evitar multas acidentais ou penas de prisão se e quando você dirigir sua própria organização.

É uma boa ideia aceitar convites para participar de conselhos consultivos em sua "coisa" escolhida, ou oferecer seus serviços gratuitamente a uma instituição de caridade, uma empresa social, uma startup ou qualquer outra coisa, em uma área que reflita seu interesse extracurricular. Isso o envolve como pessoa, como um executivo, e pode fazê-lo se destacar e ser ainda mais desejável como funcionário sênior. A maioria das organizações está interessada em apresentar uma boa responsabilidade corporativa hoje em dia, e algumas até estão fazendo algo a respeito. Outras estão tornando o ser fundamentalmente "bom para a sociedade" central para o que fazem como empresa todos os dias. Aleluia.

E você nunca sabe. Essa coisa "extracurricular" pode vir a se tornar uma ideia empresarial em algum momento.

É um mundo vasto

Pode ser que minha experiência em sustentabilidade também tenha sido um fator útil para ser considerado para cargos de diretoria. Você é valioso não apenas pelo que pode fazer, mas também pelo que aparenta para o mundo exterior. Felizmente, algumas partes interessadas gostam de ver interesses mais amplos e agradáveis nos currículos dos membros da diretoria.

Ter um pé em dois campos — um no setor comercial ou com fins lucrativos, e outro no setor beneficente ou sem fins lucrativos — pode às vezes fazer você se sentir constrangido por causa de suas diferentes prioridades, mas acho que é útil lembrar de algumas coisas:

a. a política e as tensões do setor público/de caridade podem algumas vezes fazer com que o setor comercial pareça brincadeira;
b. nem todos os anjos trabalham no setor beneficente e público;
c. nem todos os malvados trabalham no setor comercial.

Eu doei meu tempo *pro bono* por seis anos em um conselho de caridade. Durante esse tempo, eles perderam quase metade de seu financiamento devido a cortes governamentais, e tivemos que "reestruturar" a organização, o que geralmente é um eufemismo para ter que fechar locais e dispensar pessoas. Infelizmente, era verdade nesse caso e, infelizmente, necessário se a instituição de caridade fosse sobreviver. Isso envolveu algumas decisões horríveis e difíceis de tomar sobre quem seria dispensado e como usar os escassos recursos para manter o barco flutuando — havia muitos beneficiários que teriam ficado desprovidos se o barco afundasse. Foi um período realmente perturbador para todos.

Alguns anos depois e eu estava pronta para a reeleição em uma diretoria de uma empresa diferente. Um dia, no Twitter, notei que alguém escreveu que havia sido um grande prazer votar contra mim. Acontece que 97 por cento dos eleitores não concordava com ele, mas eu sempre acredito em tentar envolver as pessoas para descobrir qual poderia ser seu problema. De qualquer forma, essa pessoa me enviou uma mensagem dizendo que ele culpava a mim e à diretoria (note, não o governo cancelando os fundos, não a crise financeira, não, foi tudo culpa nossa, aparentemente) pelo fato de ele ter perdido seu emprego, de não ter conseguido encontrar outro e ele disse que era alguém que guardava rancor. Claramente, simpatizei com sua situação, mas tentei explicar que era bastante doloroso ver um *tweet* tão desagradável em uma organização completamente alheia quando eu e o resto da diretoria tínhamos dado nosso tempo à caridade durante seis anos, a fim de ajudar as pessoas. Não houve resposta, e acho que eu deveria ter ignorado o comentário de maneira digna — o pobre *tweeter* provavelmente só estava querendo desabafar. Entretanto, acho que é importante dizer às pessoas que, de uma forma comum e humana, você se importa com insultos casuais.

A realidade no setor sem fins lucrativos

Eu adorei as diretorias sem fins lucrativos nas quais trabalhei, mas lembre-se que nem tudo são flores. A maioria das instituições de caridade precisa olhar para si mesma como empresa para fazer melhor uso dos fundos. Talvez, ironicamente, muitas empresas agora estão se vendo como voltadas para o propósito, tentando resolver problemas globais de uma maneira decente e sustentável. Durante anos, eu capenguei com um pé em cada campo. E agora, os dois se misturam e se esbarram um no outro.

COMO AJUDAR UM NÃO EMPRESÁRIO, COMO EMPRESÁRIO

Você pode fazer uma contribuição para organizações sem fins lucrativos e do setor público de muitas maneiras e obter uma sensação de recompensa de volta também:

- Ajude-os a pensar em seus "clientes" no sentido mais amplo (ou seja, seus financiadores, seus membros, seus funcionários, a mídia), o que é que se conecta com esses públicos e os ajuda a obter mais influência e arrecadar mais dinheiro.

- Como uma pessoa de fora, você pode identificar as oportunidades que as pessoas de dentro podem não ver mais.
- Isso lhe dá a experiência de trabalhar com orçamentos apertados, trabalhar com pessoas que têm motivações muito diferentes das dos negócios, aprender sobre sentar-se em uma diretoria principal, a linguagem e as práticas de governança corporativa, e coisas importantes como a salvaguarda e ter reservas financeiras suficientes para manter o espetáculo na estrada.
- Ajudar organizações sem fins lucrativos a encontrar uma forma viva de expressar qual é seu propósito e sua missão, como isso afetaria a vida real das pessoas e o que elas podem fazer, além de como isso pode ser feito sem que custe muito caro.
- Isso também é muitas vezes uma boa maneira de entender como os governos trabalham (ou não).

Essa conversa sobre o mundo sem fins lucrativos contra o mundo corporativo me lembra de uma chamada que uma vez recebi de uma jovem que estava fazendo alguma coleta de fundos para minha antiga faculdade. Ouvi educadamente enquanto ela passava pelas apresentações, a conversa introdutória, me perguntava o que eu fazia, deixando claro que ela não tinha ideia do que eu fazia e não tinha tentado descobrir, o que obviamente era um longo preâmbulo à pergunta "quanto dinheiro você está pedindo".

Tendo tirado isso do caminho, perguntei então o que ela pretendia fazer quando se formasse. Ela calmamente respondeu: "Bem, inicialmente eu estava pensando em entrar no marketing, mas depois decidi que seria mais interessante fazer algo bom..." Respirei profundamente para absorver o insulto, então a aconselhei da melhor maneira que pude em coisas como o marketing, sendo na verdade bastante útil para ajudar as instituições de caridade a prosperar, não apenas no setor comercial, e que o marketing também era bastante útil para garantir que as pessoas tivessem o tipo de produtos e serviços de que precisavam, seja no setor público ou privado. Não sei se ela assimilou isso, mas certamente me senti muito melhor. Mas aqui está a lição de negócios, quer você esteja trabalhando no setor comercial ou de caridade: se você está pedindo dinheiro a alguém, é melhor conhecer um pouco sobre a pessoa a quem você está pedindo e "comercializar" apropriadamente.

A bordo

Há outra coisa mais "convencional" que é possível fazer para ampliar sua experiência em certas etapas de sua carreira. Isso é se tornar um diretor não executivo. Trata-se de se sentar nas diretorias principais das organizações em tempo parcial, e como um conselheiro independente e responsável, embora com responsabilidade legal, em oposição a um executivo com responsabilidades operacionais.

Há alguns progressos muito bons que foram feitos para conseguir mais mulheres nas diretorias principais; a média global é pouco mais de vinte por cento, e é dez por cento ou menos na América do Sul e na Ásia, subindo para trinta por cento no Reino Unido e chegando a quarenta por cento ou mais na França e na Escandinávia. O problema mais urgente é com as CEOs femininas e com as equipes executivas, nas quais as porcentagens ainda são lamentáveis.

O trabalho não executivo é basicamente uma combinação de terapia e policiamento. Seu trabalho é supervisionar, apoiar e desafiar os executivos seniores que dirigem a empresa todos os dias. Pode ser realmente interessante. Alguns executivos seniores "se aposentam" nesse tipo de existência plural, permanecendo em algumas diretorias e dispensando conselhos sábios. Soa fabuloso, mas pode ser um pouco tenso e demorado quando uma empresa é um alvo de aquisição, tem um escândalo corporativo, está enfrentando algum tipo de fraude internacional ou ataque cibernético. Porque VOCÊ é legalmente responsável por garantir que a governança e os sistemas (e as pessoas) da organização estejam à altura e fazendo a coisa certa! Portanto, não é um lar de idosos sossegado. Pessoalmente, eu de fato gostei muito, e pude integrar as diretorias de uma grande variedade de organizações, de bancos até moda, varejo elétrico até saúde, mídia até música.

COMO OBTER UMA DIRETORIA NÃO EXECUTIVA

Há poucas oportunidades pagas como essa, e você tende a ser abordado sobre elas por *headhunters*. Isso porque não há muitas funções, e você tende a ter muita experiência em diretorias, governança, finanças e assim por diante, mas é sempre útil se inscrever em cursos de diretor não executivo e "construir uma boa rede de contatos". É um trabalho agradável e interessante se você puder obtê-lo, e a melhor maneira de obtê-lo é ser tão bem-sucedido e bem percebido quanto você pode ser em sua vida profissional.

Uma das coisas que tentei aperfeiçoar quando comecei nessas posições de diretoria foi uma expressão facial que pretendia dar a impressão de "ah, sim, eu sei do que você está falando". Percebi bem cedo que, não importava de quantos cursos e seminários eu tivesse participado. Você ficará espantado com o que realmente sabe, por mais inconscientemente que seja, ao contrário do que você está convencido de que não sabe. Entretanto, isso não se aplica necessariamente à gama de acrônimos e jargões que todos os negócios e indústrias usam.

Não se desanime e não sinta necessidade de assimilar totalmente. Parte de seu valor como diretor não executivo é estar lá como uma pessoa independente "não contaminada", para impedir o pensamento de grupo convencional e fazer as grandes perguntas estúpidas como "lembre-me como isso vai gerar dinheiro/ser bom para nossos clientes/ser motivador para nossa equipe". É claro que você pode satisfazer plenamente sua pessoa impostora se escolher, mas fica muito mais fácil com a idade e a prática, e quando você ganha confiança de que não é um completo idiota por perguntar as coisas mais óbvias. Como a maioria das diretorias, uma das frustrações é pensar: "Eu me pergunto se devo perguntar xyz, ou se eu pareceria estúpido..." para depois alguém do outro lado da mesa (as probabilidades são de que será um homem, já que os homens ainda superam significativamente o número de mulheres em diretorias) fazer exatamente a mesma pergunta. Você vive e aprende, e essa é a questão, é claro.

Sobre a questão da grande pergunta estúpida, eu me lembro de estar em uma diretoria de varejo, e não acho que estou revelando nenhum segredo ao dizer que os varejistas tradicionais costumam ser um de um tipo muito particular. O negócio de administrar lojas era viciante e complexo, e era fácil ficar obcecado com a logística, o produto e o preço. Fiquei chocada com a pouca atenção que os problemas dos clientes recebiam da mesa de diretoria. Senti fortemente que o negócio tinha que fazer as perguntas certas, por exemplo: "Como as pessoas estão mudando a maneira como levam suas vidas, o que elas *realmente* precisam dessa categoria, e como podemos fornecer a melhor maneira de conseguir isso?"

A resposta nem sempre foi lojas tradicionais. Esses negócios foram desestabilizados pelo mundo on-line. De tempos em tempos, é preciso suportar a condescendência de pessoas que sabem muito sobre os detalhes da categoria, mas que se tornaram cegas às forças externas. Você precisa saber o suficiente sobre a categoria para enquadrar suas perguntas da maneira correta e fazer sugestões. Mas se você vir alguma coisa, você precisa se agarrar às suas armas. De preferência de uma forma pacífica.

A última coisa sobre ampliar sua experiência é que ela lhe dá o que o jargão corporativo e de coaching descreve como "opcionalidade". Também conhecido como "não ter todos os seus ovos em uma cesta". É muito bom saber que, a partir dessas experiências mais amplas, você pode dar uma guinada em sua carreira como e quando precisar, e estender seus contatos também ajuda. No final das contas, pode ser divertido tentar coisas diferentes. E se você for naturalmente tão paranoico quanto eu, é bom sentir que está espalhando o risco de sua carreira no caso de algo correr mal.

Se algumas das coisas acima são maneiras de expandir a si mesmo, sua marca e suas possibilidades, há coisas que você pode fazer mais próximas ao seu tópico principal que também podem fazer maravilhas.

As alegrias e as dores de escrever livros

Escrever um livro é bom. Na verdade, se você vai construir sua marca pessoal e ser conhecido por algo, é uma ótima maneira de colocar sua banca e sua agenda em algo que importa fortemente para você e que talvez possa lhe fazer famoso. Ou se você trabalha para uma empresa maior e pode persuadi-los de que ela/seu perfil melhorado seria boa publicidade para eles também, eles poderiam subsidiar sua produção e garantir a compra de algumas cópias.

Mas você precisa de uma ideia decente. Obviamente, minha própria marca de "trabalho" tem sido parcialmente baseada em branding, e eu escrevi alguns livros sobre o assunto. O primeiro, *The Future of Brands*,[1] envolveu entrevistar 25 pessoas de alto nível em todo o mundo sobre o que seria necessário para ser uma marca líder mundial em 25 anos, a partir da virada do milênio. O conteúdo me deu muito sobre o que falar durante anos. Da mesma forma, escrever um livro para a *The Economist* foi interessante por si só e útil no posicionamento da "marca" como um bem econômico adequado e sólido.

Vou ser honesta e confessar que escrever um livro pode ser uma tortura se você também estiver trabalhando em tempo integral e você pode dizer adeus a qualquer tempo livre por pelo menos um ano. Você é a desmancha-prazeres nas férias, sentada no escuro e parecendo pálida quando os outros estão se divertindo.

Mas, como sabemos, sem dor, sem ganho. As pessoas que acabam administrando organizações são aquelas que se dão ao trabalho de dar a cara à tapa. Tudo parece valer a pena quando você toca o livro (obviamente pode ser apenas digital, mas, por alguma razão, uma coisa física parece mais gratificante do que um leitor eletrônico sem graça). Algumas outras considerações:

- Se você não consegue escrever um livro, então ofereça-se para escrever um capítulo de um livro para outra pessoa em seu ramo;
- Ou, talvez, crie um livreto que sua empresa possa usar para marketing e relações públicas;
- Se você não pode providenciar isso, escreva um artigo;
- Se você não pode providenciar isso, escreva em um blog ou poste coisas no LinkedIn;
- Se você não pode providenciar isso, espero que consiga escrever 140 (ou até mesmo os novos 280) caracteres de *tweet*, ou postar algumas fotos adequadas que mostrem a marca interessante/

inteligente/glamorosa/ carinhosa/ambiciosa (de uma boa maneira) que você é no Instagram.

Pessoalmente, mantenho o Facebook apenas para informações pessoais e o abandonei quando as "curtidas" se tornaram um dever a mais. Mas a linha é tênue para tantos negócios, o que eu acho que é uma coisa boa no tipo de "importante para humanizar os negócios".

O importante é que as coisas que você faz e diz são verdadeiras para você de alguma forma. Em uma era digital, e ao tentar construir uma marca pessoal eficaz, não é bom ser exposto por mentir sobre as coisas que você está gostando ou vendendo.

Fazer todo esse "extra" se estendendo ao seu núcleo pode ser um investimento realmente bom, e também reflete uma das características que um conhecido CEO disse ser importante para ser um bom líder. Que você precisa ser "hiperativo" de alguma forma. Um pouco multitarefas.

E esse nível de energia também o manterá em boa posição para outra etapa de expansão de seu patrimônio pessoal se e quando você engravidar em algum momento.

Expandindo sua vida... com filhos

Jacinda Ardern, primeira-ministra da Nova Zelândia, disse: "Não sou a primeira mulher multitarefa. Não sou a primeira mulher a trabalhar e ter um bebê — há muitas que já fizeram isso antes."[2] Já falei um pouco sobre isso no capítulo 2, mas vou analisar como ter filhos pode melhorar quem você é e o que você faz no trabalho, mesmo que não pareça assim no momento. Vou fazer isso com uma honestidade bastante crua, portanto, sinta-se à vontade para desviar o olhar e juntar-se a mim no próximo capítulo.

Não estou alegando absolutamente nenhum conhecimento especial do tipo "não sei como ela faz isso". Muitas vezes, eu não sentia que estava "fazendo isso" de forma alguma.

Certamente não de forma consciente. Minhas filhas agora não são mais crianças, exceto, é claro, porque eu ainda sofro da síndrome de "como infantilizar seus filhos adultos".

Vou dividir isso em dois campos bem sutis:

1. As coisas difíceis;
2. As coisas boas.

Mais uma vez, se você ainda não tem filhos e/ou não está pensando em tê-los, você pode querer pular a seção seguinte. Além disso, estou sendo bem clara que tudo o que estou prestes a dizer é um problema privilegiado. Tiro meu chapéu e tudo mais em homenagem a todas aquelas mulheres e casais cujas vidas são infinitamente mais difíceis com recursos escassos.

As coisas difíceis...

A percepção óbvia é de que pode ser cansativo ser mãe. Mas há algumas outras coisas em que posso pensar que se encaixam no material "não tão cor-de-rosa":

- Engravidar quando ambos estão trabalhando em tempo integral. Ou, muitas de minhas amigas que passaram pela fertilização *in vitro* me contam o quanto elas precisam ser furtivas, esgueirando-se para fazer testes ou serem implantadas, sentindo-se horríveis e não querendo contar a ninguém no caso de não dar certo;
- Não querer ou poder dizer às pessoas que você está grávida durante os três primeiros meses, porque, bem, você quer esperar

12 semanas. Preocupar-se todos os dias que algo horrível possa acontecer e fingir beber álcool quando estiver no trabalho ou em reuniões de amigos, porque você não quer entregar o jogo, mesmo que normalmente seja uma participante muito entusiasmada. E sentir enjoos matinais horríveis, novamente em um momento em que você não quer que as pessoas saibam;

- Ainda tentar cumprir todos os objetivos no trabalho e parecer apresentável/falar de forma coerente/parecer totalmente comprometida enquanto faz malabarismos com o bebê dentro de si;
- Ficar farta das pessoas que lhe tocam e perguntam como você está se sentindo, desconversar quando fazem perguntas sobre o que você vai fazer após o nascimento (caso ocorra algum problema no RH). Ficar farta do conjunto limitado de roupas que você pode usar, com seus tornozelos grossos e ocasionais esquecimentos;
- Geralmente sentir-se acima do peso e sem atrativos;
- Sentir-se irracionalmente irritada porque os homens não passam por nada disso;
- Preocupar-se com as delicadezas/gravidades da licença-maternidade/paternidade, quanto tempo você pode se dar ao luxo de se ausentar, e como vai administrar o cuidado das crianças entre você e seu parceiro já que ambos os conjuntos de avós vivem inconvenientemente do outro lado do país, não estão no país, ou infelizmente já faleceram;
- Como as babás parecem ter uma gama de vantagens muito melhores do que as suas? Ler as histórias de tabloide mais recentes sobre cuidadores violentos e/ou se você está permanentemente prejudicando o bem-estar e as perspectivas futuras de seu filho por não estar presente a cada minuto do dia. Se você precisar, gastará todo o seu salário em cuidados infantis, e se perguntará se tudo isso vale a pena;

- Confessar ou não estar considerando a possibilidade de trabalhar em meio período antes de precisar contar às pessoas e se perguntar por que isso deveria importar de qualquer forma;
- Preocupar-se se o parto será doloroso, escrever seu plano de parto e participar de aulas de suporte pré-natal (se e quando você puder sair do trabalho a tempo) e preocupar-se se eles serão um pouco presunçosos;
- Trabalhar ainda mais nos últimos meses para o caso de alguém pensar que você pode estar descuidada ou não ter sua mente no trabalho. Tentar ter certeza de que tudo está atualizado e bem entregue e esperar que ninguém descubra enquanto você estiver em licença-maternidade sobre os vários erros que você tem escondido secretamente;
- Querer e planejar ter música de spa para acompanhar seu parto, praticando sua respiração e seu sopro... e depois terminar pedindo uma martelada na cabeça quando for muito doloroso;
- Muito choro, choro e choro (e isso vindo apenas de você). Odiar seu parceiro por não acordar (ou fingir que não acordou) a qualquer hora da noite. Ficar brava por ele não conseguir trocar fraldas como você. Apenas odiar seu parceiro em geral (provavelmente isso é mútuo nesse momento);
- Vestir o mesmo roupão por semanas. Não sair de casa, exceto em horas de escuridão;
- Usar uma falsa voz de "está tudo bem" ao receber ligações do escritório;
- Agonizar sobre quando voltar ao trabalho. A biologia diz uma coisa, o cérebro diz outra. Tentar manter a paz com ambos. Sentir que você deve dar as boas-vindas ao seu parceiro tomando a mesma quantidade de cuidado infantil, e ainda assim, de alguma forma, querendo que seu bebê a queira mais;

- Encontrar e manter uma ótima babá/cuidadora (ainda mais desafios de gestão, além do trabalho habitual remunerado);
- Ao retornar ao trabalho, preocupar-se constantemente se você deixou seu precioso pacote com um psicopata. Ter fantasias catastróficas sobre coisas horríveis que podem dar errado. O tempo todo;
- Ter uma fonte constante de brigas e aversão entre você e seu parceiro (se ainda estiverem juntos). Quem está fazendo mais, de quem é a vez. De quem a reunião ou o trabalho é mais importante;
- Acalmar seu filho chorão em incontáveis ocasiões;
- Preocupar-se em se inscrever em escolas maternais. Preocupar-se em fazer a inscrição em qualquer escola. Preocupar-se se eles vão fazer amigos. Preocupar-se se eles serão convidados para tantas festas quanto as outras crianças. Preocupar-se se o animador que você reservou para a festa de aniversário de seu filho vai ser bom ou um pouco estranho. Ficar um pouco sozinha em tais festas. Preocupar-se se você parece bem em comparação com as mães que são casadas com banqueiros de investimentos e fazem muitas aulas de pilates. Preocupar-se em chegar atrasada em todos os lugares, e se seus filhos vão perdoar você ou acabarão ficando no sofá de um psiquiatra porque você chegou atrasada para ouvi-los cantar "Somewhere over the Rainbow" como um solo (mais choro...);
- Esquecer os nomes da maioria dos amigos da escola de seus filhos (e de seus pais). Essa é uma história sem fim, mesmo após a universidade;
- Preocupar-se se "ajudar um pouco com o dever de casa" pode na verdade significar que você mesmo o faz;
- Odiar todas as coisas insinuantes e dissimuladas que você faz com o/a diretor(a) para ajudar seu filho a entrar na próxima escola;
- Pensar que seu filho está gastando muito tempo com várias coisas, desde mídia social até televisão e aparições pessoais, e em não

ter certeza de como lidar com isso. Tentar manter uma voz firme, indiferente, mas de apoio quando você estiver perguntando com tato sobre isso;

- Preocupar-se se está sendo uma mãe ruim quando você começar a desfrutar de alguns fins de semana apenas com seu parceiro novamente;
- Preocupar-se se alguém vai pagar seu filho, que não é mais uma criança, para fazer um trabalho adequado em algum momento. Será que isso é o certo para eles? Será que isso os fará felizes e realizados? E quanto ao futuro deles?;
- Será que eles encontrarão o parceiro certo? Eles vão se casar e, em caso afirmativo, você vai querer fazer um discurso?;
- Se eles tiverem seus próprios filhos, eles vão querer que você cuide das crianças? O ciclo da vida continua...

Mas é claro, se você ainda não tem filhos, não deixe que tudo isso a desanime.

As coisas boas...

Administrando uma empresa? Em comparação, alguns pontos positivos:

- Se você sobreviveu aos pontos anteriores, você conseguiu. Você se tornou uma experiente hipermultitarefa e hiperpreocupada;
- Se você não entendeu antes como persuadir as pessoas a fazer coisas que elas não querem fazer, você ficará surpresa com o quanto você entende o interior de todos com seis anos de idade – e tem um conjunto maior de ferramentas como sugestão/distração/competição para lidar com o que for. Apenas pressione o botão nuclear de "comando" se houver uma emergência iminente;

- Isso completa você (de mais de um modo se você não tiver cuidado, eu sei). É uma verdadeira expansão da mente (se você conseguir encontrar os fios de extensão quando precisar deles);
- Além disso, apesar de todas as preocupações, ver seus filhos se tornarem seres humanos decentes, cuidadosos e responsáveis é indescritível.

Eu tive duas filhas enquanto trabalhava e quando questionadas, em uma sessão de honestidade, se se sentiam trocadas por eu não estar lá o suficiente durante sua infância, minhas filhas me disseram que, é claro, elas sentiam falta de ter sua mãe por perto mais vezes, ao contrário das outras crianças. Mas, francamente, elas tinham babás maravilhosas que se tornaram como irmãs mais velhas para elas, e me ter em casa provavelmente teria sido muito estressante de qualquer maneira. E, na verdade, elas estavam realmente bastante orgulhosas de mim. Isso foi incrivelmente emocionante e fez com que deixasse de sentir o constrangimento habitual que toda mãe sente ao respirar perto de seus filhos adolescentes.

E no que diz respeito à transferência de conhecimento e sabedoria, você sabe que está chegando a algum lugar quando sua filha faz uma crítica favorável ao seu estilo de gestão ao lidar com um delito adolescente. Tenho certeza de que ela não se importará que eu mencione isso, mas uma de minhas filhas na adolescência mentiu sobre ir para a cama enquanto estávamos de férias, esgueirou-se para um clube com seus amigos, e então eles acidentalmente se trancaram para fora, então tiveram que me ligar às quatro da manhã para poderem entrar. De acordo com ela, usei a abordagem "mais triste do que brava", muito bem na minha decepção e preocupação. Ela se sentiu muito mal e culpada, em oposição à raiva e ao ressentimento.

Ter filhos, se você os tiver, será parte de quem você é e do que você já experimentou. Então, depende de você como usar essa experiência para crescer por conta própria.

Embora alguns dos meus comentários anteriores sejam obviamente um pouco leves, combinar crianças e trabalho é visto de forma diferente agora, exceto, é claro, por certos elementos da mídia. Os locais de trabalho, ocidentais ao menos, tiveram que se tornar mais conscientes da justiça e, às vezes, de litígios. Há mais compreensão, mais flexibilidade, mais equilíbrio, mais compartilhamento das responsabilidades. E um grande reconhecimento de que estes se relacionam tanto com mulheres quanto com homens. E também em ambos os parceiros em relacionamentos entre pessoas do mesmo sexo.

É importante ser a mesma "marca pessoal" em essência quando você está esperando ou já anunciou a gravidez no trabalho, como quem você era antes. Com isso, quero dizer que, quando você anuncia aos colegas de nível sênior que está esperando um bebê, é bom fazê-lo em sua maneira profissional habitual.

Enquanto seus chefes podem fingir externamente que estão entusiasmados com as notícias, e pessoalmente podem estar, você pode apostar suas economias que por dentro eles estão gritando e pensando coisas como "o que diabos vamos fazer, como vamos cobrir e o que acontece com toda a logística?". Afinal de contas, seja qual for o tamanho da empresa, eles precisarão continuar fazendo negócios e ganhando dinheiro ou pelo menos não perdendo dinheiro para pagar por tudo e pelos benefícios de todos. Isso significa os seus também.

Então, talvez considere dizer coisas como: "Olha, é provável que o bebê nasça em tal data. Tenho a intenção de voltar x meses/anos mais tarde. Isso é o que provavelmente estará acontecendo enquanto eu estiver fora e é assim que eu sugeriria que cobríssemos durante esse período. E, obviamente, tentarei estar disponível para dar conselhos, se necessário."

Faça sua própria versão de acordo com as necessidades de seu negócio.

E no final, fazer um pouco de extensão de sua marca pessoal em crianças pode potencialmente fazer de você uma líder ainda melhor, mais compreensiva, mais empática, mais capaz, mais humana em potencial.

NOTAS PARA SI MESMO

- Consiga/faça "aquela coisa" que realmente lhe ilumina, seja como parte (ou adicional) do trabalho do dia.
- Quando possível, use-a ativamente para ampliar sua experiência de vida/trabalho também.
- Faça coisas extras que tornam você notável.
- Ter filhos pode ser ao mesmo tempo maravilhoso e complicado. Aprecie as muitas maneiras pelas quais isso fará você crescer como pessoa.

CAPÍTULO NOVE

As mulheres comandam bem

Sobre como liderar de uma maneira que lhe agrade... e ajude os outros

Caso não tenha ficado completamente óbvio, quero que mais mulheres dirijam organizações. Muito mais mulheres. Sejam as empresas grandes ou pequenas, públicas ou privadas, Fortune/S&P/FTSE ou seu próprio negócio.

Há muitas estatísticas para escolher e aqui estão algumas delas. Apenas quatro por cento dos cargos de CEO e 11 por cento dos CFOs no mundo inteiro são mulheres (portanto, basicamente, todas as pessoas com controle financeiro).[1, 2] Em 2018, as mulheres brancas ocupavam quase um terço de todos os cargos de gerenciamento; isso em comparação com apenas 6,2 por cento de mulheres latinas, 3,8 por cento de mulheres negras e 2,4 por cento de mulheres asiáticas.[3] Enquanto isso, quase metade de todas as mulheres indianas deixam o local de trabalho como gerentes de nível júnior ou pleno.[4]

Nas startups no Reino Unido, para cada uma libra de investimento de capital de risco, menos de um pence vai para equipes comandadas por mulheres, de acordo com um relatório do British Business Bank.[5]

Também em startups, as empresas com fundadoras mulheres só atraíram cerca de dois por cento do total de fundos de risco (o que é irônico considerando que esses negócios demonstraram um melhor desempenho, com menos risco).

De acordo com a análise da BCG, as startups fundadas ou cofundadas por mulheres tiveram um desempenho *melhor* do que as startups fundadas por homens. Apesar de serem comparativamente subfinanciadas[6] — e por uma grande margem — essas empresas geraram dez por cento a mais em receitas acumuladas durante um período de cinco anos: 730 mil dólares em comparação com 662 mil dólares para a média de startups masculinas.[7]

E, é claro, os mesmos princípios se aplicam aos governos e às instituições globais.

O mundo precisa de mais mulheres no comando, além de qualquer outra coisa. Idealmente, eu preferiria que as nações não estivessem constantemente ameaçando umas às outras com a destruição nuclear, guerras comerciais intimidatórias e genocídio. E parece que a maioria dos homens — especialmente os mais jovens — parece sentir o mesmo. É claro que isso não quer dizer que as mulheres não possam e não sejam duras. A combinação biológica só faz diferença na maneira como lidamos uns com os outros.

Veja a resposta da primeira-ministra da Nova Zelândia, Jacinda Ardern, ao terrorismo após o atentado de Christchurch, em março de 2019. Ela usou um lenço de cabeça para confortar as pessoas em luto, pediu a Donald Trump que oferecesse às comunidades muçulmanas "simpatia e amor" após os ataques e mobilizou apoio para o Apelo de Christchurch, que pede às empresas de tecnologia para policiar suas plataformas on-line.

Às vezes é difícil olhar além dos típicos homens alfa do mundo na liderança política, mas graças a Deus pela "bondade" que é Ardern. Ela abraça as pessoas! Ela fala como uma humana! Ela é forte! Ela faz as coisas acontecerem! Ela diz coisas como estas:

Uma das críticas que tenho enfrentado ao longo dos anos é que não sou suficientemente agressiva ou assertiva, ou talvez, de alguma forma, porque sou empática, isso significa que sou fraca. Eu me revolto totalmente com isso. Eu me recuso a acreditar que você não pode ser ao mesmo tempo compassiva e forte.[8]

Ser parada no meio da seção de lingerie, quando você está tentando comprar algumas coisas, por um homem mais velho que quer uma selfie com você é um pouco constrangedor... mas eu não deixo que isso me atrapalhe ao tentar fazer coisas normais, porque é quando eu consigo interagir com as pessoas também. De preferência, porém, não cercada por roupas íntimas.[9]

Há apenas a pequena questão de *como* conseguir mais mulheres no comando. E o que todos nós podemos fazer para cumprir a nossa parte e parar de nos meter em nosso próprio caminho às vezes (quando outros já estão fazendo um trabalho muito bom para nós).

Portanto, algumas reflexões, para acrescentar à soma de muitas outras sobre como alcançar uma posição elevada e permanecer lá. Estou ciente de que estou em pé de igualdade com algumas mulheres gigantes. Abordamos como sua impostora pode ironicamente ser um impulso bastante útil para alcançar as coisas, desde que você não transmita nenhuma de suas próprias dores para os outros. Os acadêmicos também demonstraram que você pode usar algum nível de ansiedade de forma positiva e transformá-la em uma força poderosa em sua vida.[10]

Vou analisar o que você pessoalmente pode fazer de três maneiras para ajudar a colocar mais mulheres na direção e administração de mais organizações. Ou seja, o que você pode fazer por si mesmo, como pode ajudar os outros e como pode influenciar os sistemas atuais.

Como nos ajudar

Em 2015, houve a fabulosa e premiada campanha publicitária "Like a Girl" [como uma garota, em tradução livre] para a marca de produtos de higiene menstrual Always. Você pode muito bem tê-la visto. Enquanto mulheres, homens e meninos se comportavam de forma tola e autodepreciativa quando solicitados a fazer algo "como uma garota", as próprias meninas corriam e tentavam o máximo que podiam com confiança e orgulho — ainda não tinham sido influenciadas pelas "regras sociais" que podem definir inutilmente a condição feminina. Para elas, fazer algo "como uma garota" significava fazê-lo o melhor possível.

A campanha destaca a ofensa que o termo "como uma garota" se tornou, e como limitá-lo e reduzi-lo pode ser para a percepção das meninas sobre seu talento e poder. E como pode ser traiçoeiro nas perspectivas delas de liderança e sucesso.

Durante anos, toda vez que meu diretor sênior pedia para reservar um horário para tomar uma "xícara de chá", eu estava convencida de que iria receber uma advertência e/ou ser demitida. Mais uma vez, eu acho que esse tipo de ansiedade e de impulso, aquele velho medo de falhar e de ser uma impostora, era um grande motivador. Para uma garota, é claro.

Um dos feedbacks mais enfurecedores sobre meu desempenho como executiva que já recebi foi quando meu chefe, na época, disse que eu estava indo bem e dirigia uma grande equipe, mas que eu precisava desenvolver mais "distinção e seriedade" se eu quisesse ir mais além na administração sênior. Em particular, ele disse que às vezes eu parecia um pouco como "uma garota sem fôlego".

Eu fervi de raiva.

Eu me senti humilhada e diminuída.

Talvez eu até tivesse sentido vontade de bater em algo se não estivesse (muito irritantemente) com vontade de chorar.

E, no entanto, acho que uma das razões pelas quais me senti tão irritada e magoada foi que, no fundo, eu achava que ele tinha razão.

De tempos em tempos, eu poderia parecer um pouco ansiosa demais. Não ao ponto de eu precisar me "apoiar" em algo, mas na verdade eu precisava me "recostar", e parecer sábia e crescida.

Na verdade, foi um dos melhores conselhos e feedback executivos que recebi. Eu realmente melhorei e fiquei relutantemente grata. Eu inclusive contei ao meu chefe. Ele havia esquecido e não ficou satisfeito por isso ter sido tão significativo.

Entretanto, eu ainda não sentia que tinha melhorado o suficiente e senti que havia claramente algumas questões internas que continuavam a surgir de forma inútil. Que de alguma maneira, nos negócios, eu sentia secretamente a necessidade da aprovação de um "homem forte" executivo.

Uma pessoa adulta. Um homem. Para estar no comando. Para tomar as decisões importantes. Afinal de contas, o que eu e minha impostora sabemos em comparação?

Acho que não precisamos de muita psicologia popular para saber de onde isso pode ter vindo. Muitas mulheres me disseram que poderiam compartilhar divãs paralelos.

Mais tarde, é claro, você descobre que sabe e é capaz de fazer coisas tanto quanto qualquer homem. E, as estatísticas diriam, fazer melhor pelo menos cinquenta por cento do tempo. Só precisamos dar um passo à frente e para o fronte.

Torcendo por modelos a serem seguidas

Em 2015, havia uma canção realmente cativante chamada "Cheerleader", gravada pelo cantor jamaicano Omi. Eu costumava me ver cantando essa música quando ela tocava, e então comecei a prestar mais atenção à letra.

Parafraseando a letra, ele falava sobre como tinha encontrado uma "líder de torcida" em sua namorada. Que ela estava sempre presente quando necessário, torcendo por ele no ringue.

Não tenho nada contra as líderes de torcida, mas elas não são o evento principal.

Quero que as mulheres sejam as líderes, não apenas as que aplaudem os líderes (principalmente os homens) na lateral do campo.

Estive muito perto de "me acomodar" em várias ocasiões. Acomodar-me em apoiar executivos no evento principal em vez de assumi-lo eu mesma. O perigo de ser sempre vice permanece.

Por algum milagre (como eu o vi naquela época), eu tinha sido promovida para vice-diretora de estratégia da Saatchi & Saatchi. A chefe de departamento era uma mulher que também era uma grande mentora e modelo a ser seguido. Ela sempre me apoiou muito, principalmente quando engravidei duas vezes enquanto ela liderava. Ela mesma não tinha filhos, era uma feminista forte e não fazia prisioneiros. Os membros homens da equipe executiva pareciam bastante assustados com ela e se comportavam como meninos travessos de escola nas costas dela.

Quando minhas duas filhas eram pequenas, comecei a sentir que algo precisava mudar. Eu tinha clientes grandes e muito exigentes, viajava bastante e me sentia como uma mãe ausente, além de sentir que eu não estava fazendo um bom trabalho. Eu tinha mais ou menos decidido pedir oito semanas de férias e/ou mudar para meio período. Naquele tempo, isso significava que você estava firme na "trilha da mamãe", como eles chamavam. Discuti isso com meu parceiro (agora meu marido) e ele me apoiou como sempre. Embora ele fosse honesto o suficiente para dizer que isso provavelmente significaria que eu tinha chegado o mais longe que poderia ir.

Disse à minha chefe que precisava discutir uma semana de trabalho diferente ou mais curta, férias mais longas ou o que quer que fosse. O rosto dela se fechou um pouco. "Hum. Eu entendo as pressões, mas se fosse você, acho que não mencionaria isso ao CEO no momento."

Acontece que ela mesma estava planejando tirar um ano para viajar pelo mundo.

Ela ia recomendar ao CEO que eu assumisse o departamento e me tornasse diretora de estratégia. Hoje em dia, posso ter argumentado que poderia fazer uma semana mais curta *e* desempenhar a função principal, mas naquele tempo não era como hoje em dia e eu não era como sou agora.

Eu me calei devidamente sobre o pedido de "menos tempo" e me tornei diretora de estratégia, comandando uma equipe considerável. Obviamente, isso envolveu muito trabalho duro, mas fui capaz de definir e desenvolver a equipe e sua cultura de uma forma que achei verdadeiramente satisfatória. E, curiosamente, estar no comando, mesmo que não de toda a empresa, significava que você poderia estar mais no comando de seu próprio tempo. E permitir que outros também trabalhassem de forma diferente. Você pode liderar de uma maneira que ajude a levar tudo adiante.

Uma das fabulosas mulheres da minha equipe disse mais tarde que, como eu estava liderando a equipe e tinha duas filhas, nunca lhe ocorreu que ela não podia e não faria as duas coisas. Ela passou a dirigir alguns negócios realmente importantes enquanto cuidava dos filhos.

Um comentário sobre modelos um pouco menos convencionais, e é sempre bom tê-los. Tenho uma memória viva da cantora, compositora e rapper Neneh Cherry — a mãe da atual estrela pop Mabel — se apresentando no programa *Top of the Pops* do Reino Unido em uma Lycra apertada quando ela estava grávida de oito meses nos anos 1980.

Ela arrasou no visual, e foi a primeira vez que percebi de verdade que você poderia continuar normalmente enquanto estava grávida. Como mulher nos negócios, nunca subestime o poder das modelos a serem seguidas e o papel que você pode desempenhar (mesmo que não seja intencional).

E agora, as notícias

O que também aprendi sobre minha primeira grande promoção a um papel de liderança foi a importância de gerenciar suas notícias proativamente quando você está em uma função relativamente importante na indústria. Quando eu disse a uma empresa que estava partindo para assumir outro cargo, o momento foi bastante inconveniente para eles e não ficaram muito satisfeitos – na verdade, eles estavam ansiosos para minimizar qualquer impacto. Antes que eu soubesse, eu tinha uma jornalista da indústria ao telefone dizendo que ela tinha sido avisada que eu estava saindo e que estava "me dando a chance de comentar"! Esse é o código usual para "achamos que você pode ter sido demitida".

Como aconteceu, eu tinha jurado segredo por minha nova empresa até a semana seguinte. Eu não senti que poderia quebrar a confidencialidade e dizer à jornalista para onde eu estava indo, então apenas disse que "eu estava saindo para um emprego sênior em um ramo relacionado". Isso não foi suficientemente específico, então eu consegui uma manchete na primeira página da revista do setor, destacando o fato de que eu estava saindo – e me descrevendo como uma "veterana" da agência. Eu tinha 39 anos! Eu sei que estava lá há dez anos, mas não era para tanto... Também apresentava uma das piores fotos profissionais que me lembro de ter tirado – e que eu pensava ter conseguido destruir – com grandes olheiras por noites de sono interrompidas por bebês e viagens e parecendo "séria". Eu parecia sombria. Não sei ao certo onde conseguiram a foto, mas eu tenho um palpite...

O artigo e a foto até provocaram uma reação de um amigo *headhunter*, que ligou no dia seguinte e me perguntou se eu precisava de um emprego, porque "garota, parecia que você havia sido demitida".

Obrigada. Então, não era só eu sendo paranoica.

Em retrospectiva, eu provavelmente deveria ter feito uma gestão de reputação um pouco mais proativa. Por exemplo:

a. Ter estabelecido relações de forma consciente com jornalistas da indústria. Eu realmente não tinha visto isso como uma função fundamental como diretora de estratégia, mas se você quiser comandar algo em algum momento, isso é necessário;

b. Contar à jornalista, de forma extraoficial, para onde eu estava indo como CEO e prometer dar muitos mais detalhes assim que pudesse. Uma das grandes coisas sobre a mídia social, é claro, é que agora você pode compartilhar mensagens de forma mais direta. Mas alguém ainda pode ser melhor do que você ou as pessoas certas podem não ver seu feed nas redes sociais, então é bom ter comentaristas a seu lado.

Pouco tempo depois, uma coisa semelhante aconteceu com um comerciante sênior bem conhecido que estava deixando seu posto, e as palavras de abertura do artigo da primeira página incluíam "X, que *aparentemente não tem outro emprego para ir...*". Bem, ele reconheceu claramente como esse "código" seria visto pelos leitores (esse "código" eufemístico inclui termos como "seu cargo não será substituído"), porque no dia seguinte ele informou a todos os seus conhecidos de marketing explicando que ele não tinha sido demitido de fato. E que ele estava realmente deixando o país como parte de um projeto há muito planejado e de longo prazo para iniciar um novo negócio.

O que HÁ no ser humano que às vezes ele quer acreditar no pior e não no melhor de uma situação? E, de fato, sente algum tipo de satisfação pensando que até pessoas inteligentes e importantes fazem besteiras às vezes? Será um pouco da síndrome do "antes ele do que eu"? Acho que se encaixa na definição clássica de *Schadenfreude* (o prazer derivado do infortúnio de outra pessoa). Mais liricamente desagradável, é o seguinte velho provérbio (supostamente) chinês: "Nada traz tanto prazer quanto ver um bom amigo cair de um telhado alto." Eu odeio esse tipo de pensamento. Um esforço consciente para mudar esse tom faria uma diferença real para um ambiente social e empresarial mais positivo, assim como para a saúde mental das pessoas. Vamos parar de alimentar o medo e a aversão.

Na semana após minha sombria capa de revista, a feliz "nova notícia" sobre meu verdadeiro cargo de CEO foi divulgada, e a mesma publicação a apresentou na página cinco e não na primeira página como antes. Foi um pouco irritante, mas eu vivi e aprendi. E, na verdade, usei a minha cruzada para entrar no novo emprego com muita energia e para provar um ponto.

Diga "xis"

É uma boa ideia fazer algumas fotografias decentes. Sei que isso parece um pouco vaidoso, mas se você não as usar e distribuir ativamente, as pessoas escolherão qualquer detrito que possam encontrar em seus arquivos antigos ou nas imagens do Google. Às vezes, é claro, você não pode evitar isso. Quando um jornal popular fez um perfil sobre mim, eles por acaso apresentaram algo que eu havia dito a sir Martin Sorrell em um jantar alguns anos antes. Na verdade, foi um artigo muito bom no geral, mas a imagem que eles usaram na versão em papel do artigo era ainda pior do que a da revista da indústria. Você apenas deve tentar espalhar imagens no Google com quantidades de fotos suas que você gosta.

AGINDO COM CAUTELA SOBRE ARMADILHAS DE REPUTAÇÃO

Tendo em mente que coisas ruins vão acontecer em vários pontos de sua vida profissional:

- **Opção 1:** desenvolva uma casca muito grossa, ignore todos os comentários desagradáveis, possivelmente enfiando seus dedos nos ouvidos e cantando ao mesmo tempo e/ou meditando enquanto se põe acima do ultraje e ascenda a um plano superior de consciência. Isso se adequa particularmente às pessoas que não têm problemas com autoconfiança e não se importam com o que os outros pensam. Eu não conheço muitas pessoas assim. Particularmente, não mulheres. Não importa quanto "desenvolvimento pessoal" façamos.
- **Opção 2:** tente guiar a "fera positiva" para outra direção, como uma apólice de seguro (isso se aplica a empresas, bem como a indivíduos, é claro). Talvez tenha seu próprio site/livro/coluna/blog/perfil social etc. Administre parte de sua própria imagem e contatos de forma independente, não apenas por meio de seu trabalho principal e sua empresa, que terá seu próprio objetivo. Hoje em dia, é mais fácil administrar a reputação se você construiu um número decente de seguidores on-line e socialmente. Isso de fato vem com um aviso de saúde: se você disser QUALQUER COISA que possa aborrecer QUALQUER UM de QUALQUER FORMA, você tem que estar preparado para a chuva de comentários que virá.

Como um pós-escrito, em uma discussão subsequente com outra CEO que se afastou de um cargo muito importante após dez anos, ela me aconselhou: "toda vez que você disser que está deixando algo, *sempre* diga que está se juntando a outra coisa. Seja lá o que isso for." Eu me lembrei dessas palavras sábias, embora provavelmente tenha ido um pouco longe demais e assumido muitas funções de diretoria, colocando demasiados ovos em demasiadas cestas, então, fiquei em farrapos por um tempo.

Mesmo quando você está supostamente "lá em cima" em termos de liderança, você pode sempre se esforçar para saber o quanto vai ser difícil ficar nessa posição. E antes que você comece a pensar que, francamente, vale mais a pena desistir, arranjar um emprego menos exigente, ser freelancer, fazer agricultura de subsistência ou algo assim, bem, todo trabalho traz suas próprias tensões.

Um dos grandes benefícios e privilégios de fazer o que faço é trabalhar e conversar com uma série de líderes empresariais, e também (nem sempre um privilégio) ver como outras pessoas lideram de perto.

Portanto, aqui estão alguns de meus pensamentos e observações sobre liderança, e como tentar alcançá-la e permanecer no topo se você quiser. Estes são ambos de uma perspectiva pessoal e baseados também no que reuni de uma ampla gama de líderes femininas.

1. Não leve a coisa do "seja você mesmo" muito à risca

Eu sei que é sabedoria de desenvolvimento pessoal/coaching falar sobre "ser você mesmo". E eu sei, também digo a mim mesma todas essas coisas sobre "você nunca será tão bom em ser outra pessoa".

Entretanto, embora eu seja a favor da honestidade e da autenticidade, há alguns aspectos de "ser você mesmo" que são francamente as partes pouco atraentes do que Freud descreveu como nosso "id": a parte de nossa estrutura de personalidade que abriga nossos desejos humanos bastante básicos e sem filtros. Ser um ser humano funcional na sociedade significa ter a maior parte de seu "id" e uma parcela de "você mesmo" sob controle, e então é apenas uma questão de grau.

As pessoas podem dizer que acham divertido quando você bebeu um pouco com a equipe e soltou seu cabelo. Mas pode ser muito difícil para elas tirarem quaisquer imagens duvidosas e memórias inapropriadas de suas mentes e olharem para você como uma líder que elas podem respeitar.

Embora seja útil ser honesto sobre suas habilidades (para encorajar as pessoas a pensar sobre seu próprio desempenho e como elas podem melhorar — e dar-lhes permissão para fornecer um feedback honesto), você não quer colocar toda munição em uma arma muito grande com a qual você pode ser executado mais tarde. Talvez uma bala de cada vez, e de preferência com a intenção de ajudar outras pessoas a serem melhores em vez de apenas para sua própria catarse.

Por exemplo, você pode dizer: "Eu mesmo tendia a ser um procrastinador quando era mais jovem e isso me atrapalhou. Tive que me forçar a fazer cursos para aprender a fazer as coisas na hora. Acho que isso também o ajudaria."

Você pode correr, mas não pode se esconder de si mesmo. Tente ter certeza de ser a melhor versão de si mesmo sempre que possível.

Você precisa resolver seus problemas pessoais para que possa fazê-los funcionar de forma positiva para si e para os outros.

Talvez você possa fazer alguns cursos de desenvolvimento pessoal ou coaching (ver capítulo cinco). Eles serão um bom investimento.

2. Ajuda se destacar um pouco

Idealmente, você quer ter algo como uma "proposta de venda única" para si mesmo. Eu realmente odeio esse termo; soa como um velho jargão comercial norte-americano, porque é. Mas os Estados Unidos ainda têm mais marcas de sucesso global e valiosas do que qualquer outro país. De longe. Portanto, claramente, ainda há algo importante sobre isso.

Destaque-se pelas coisas certas. É um mundo competitivo lá fora, quer gostemos ou não. Fique do lado do interessante e memorável, em vez de ser estranho e inesquecível, principalmente quando quiser liderar as coisas. Dirigir algo requer alguma autoconsciência e autocontrole.

Destacar-se pode significar ter uma marca registrada memorável, que simboliza o que quer que você faça e quem quer que seja, que tenha um diferencial. Talvez não seja algo tão óbvio quanto um nó de gravata ou algo que possa ser atualizado e renovado. Talvez você seja bom em chapéus ou óculos, por exemplo; ou seja engraçado de uma forma particular. Pode ser sério e profundo, ou sempre ter estatísticas interessantes, citações distintas. É um pouco como os romancistas que têm um estilo distinto que você sabe que vai gostar.

A consistência emocional e intelectual é boa, desde que não se torne entediante. É melhor para suas equipes que não tenham que lidar com a imprevisibilidade, tal como o Médico e o Monstro. Isso pode ser debilitante e cansativo.

Conheci o podcast *Business jazz*, apresentado por um coach de negócios irlandês, que me mencionou. Os convidados do podcast estavam discutindo liderança e, ao comentarem fortes abordagens de marca pessoal, ele citou Steve Jobs... e eu! Apresso-me a acrescentar que era no contexto do uso de estilos de roupa distintos no trabalho. Ele realmente disse que eu era conhecida por usar (os mesmos) vestidos pretos tipo Chanel e joias coerentes. Isso foi muito interessante, principalmente porque eu não tenho — e nunca tive — um vestido Chanel e nunca uso nenhuma joia (exceto um anel de compromisso que se parece com uma aliança de casamento simples). Mas foi certamente estranho e instrutivo me ouvir sendo discutida como uma terceira pessoa.

Nunca tenho certeza se algumas de minhas outras "distinções" funcionaram a favor ou contra mim, mas com certeza elas foram autênticas. Além do meu apoio ao meio ambiente desde que me lembro, sempre me interessei pela terapia complementar e pelo desenvolvimento pessoal. De qualquer forma, lembro-me de quando estávamos nos mudando para um novo escritório e consegui que alguém fizesse uma análise de Feng Shui para ter certeza de que não drenaríamos inconscientemente toda a nossa riqueza. Também queria ter certeza de que tínhamos um "fluxo" quente pelo edifício para nossos funcionários e convidados. Você pode estar pensando que eu estava totalmente perdida nesse momento, mas honestamente, o custo valeu a pena. Ademais, a entrada principal do prédio de escritórios estava voltada para o norte e correria o risco de parecer frio e não acolhedor. Eles sugeriram que tivéssemos uma lareira ou algo assim... e assim fizemos. Lembro-me do pobre administrador do prédio tentando entender do que se tratava tudo aquilo, mas, na verdade, o "aquecimento" da área de recepção fazia sentido racional, além de dar uma sensação gostosa. Nenhum de nós acharia esse Feng Shui estranho em algum lugar como Hong Kong, apenas uma boa prática. Criamos uma lareira muito agradável, recebemos muitos elogios, e as coisas geralmente funcionaram bem por um tempo. Esse é um dos benefícios de ser CEO. As pessoas têm que fazer a sua vontade.

De qualquer forma, isso se destacou. E, aparentemente, eu também, com minhas ideias de "nova era de liderança"...

3. As pessoas precisam querer trabalhar com você

Infelizmente, ainda há muitos líderes que mesmo atualmente sentem que podem intimidar as pessoas para que façam o que eles quiserem, e que na verdade isso é mais eficaz. As estatísticas sobre tudo isso são convincentes, mas os exemplos qualitativos também. Já falei sobre o Glassdoor, e o que ele revela sobre o ambiente interno de uma empresa, em um capítulo anterior. E "valentão" se tornou uma palavra muito cara do ponto de vista do departamento de pessoal e da reputação geral da empresa. É um fator de risco bem conhecido, e os estudos têm mostrado repetidas vezes que ter um CEO super dominador é um grande fator de risco para toda a empresa, porque eles não toleram desafios e não conseguem o melhor das pessoas.

Se você não quer ver as pessoas serem ou se tornarem brilhantes, você não tem o direito de se chamar um líder decente. Todos esses clichês se aplicam ao recrutamento de pessoas que vão ser melhores do que você. Não consigo entender por que nem todos percebem isso — afinal, se eles são bons, vão fazer você e a empresa parecerem bons também. E ainda assim algumas pessoas não conseguem resistir a tentar fazer com que todos os outros pareçam inferiores para que se sintam superiores.

Outra questão irritante é quando as pessoas, de alguma forma, veem acolhimento como uma qualidade "suave". Tente dizer isso à natureza selvagem, onde a fêmea da espécie é frequentemente mais mortal do que o macho. Acolhimento é uma das forças mais poderosas da natureza. Você pode amar as pessoas até a morte.

Em termos comerciais, se você ama seus funcionários, eles tenderão a amar seus clientes um pouco mais.

Mesmo que você ainda não seja um líder, é uma boa ideia garantir que as pessoas queiram trabalhar com você. Para atrair as melhores pessoas para sua equipe, você precisa ter a visão mais forte e estimulante que existe, para estar se divertindo mais — e de preferência ser uma das pessoas que os outros na organização podem ver que estão evoluindo.

Você pode ter conhecido pessoas na vida que poderiam ser descritas como "radiantes" ou "sugadoras". As primeiras são pessoas que iluminam ambientes, que veem as possibilidades nas coisas, e geralmente tentam melhorar as situações e as pessoas.

As "sugadoras" são aquelas pessoas que colocam todos para baixo com ervas daninhas como "não é possível", sugando todo o ar e a vitalidade de um ambiente a ponto das pessoas não conseguirem respirar. Ajude-os ou livre-se deles.

Não quero confundir radiantes com "Pollyannas". (A propósito, se você não conhece o termo "Pollyanna", ela é um personagem de um famoso romance infantil americano, basicamente uma otimista irreprimível que estava determinada a encontrar o bem em tudo, por mais desesperada que fosse a situação.) Embora você queira pessoas positivas, não precisa de fantasistas em negação.

Almeje ser um radiante, não um sugador.

4. As pessoas não vão gostar de você o tempo todo

Esse é um dos meus problemas, talvez porque tenha um pouco de Pollyanna dentro de mim, mas também porque eu gostaria que as pessoas se sentissem felizes e realizadas o tempo todo, mas isso não tende a ser uma parte permanente da vida real ou da condição humana.

E em qualquer organização, qualquer negócio, qualquer função do governo e do setor público, haverá necessidade de tomar algumas decisões difíceis que as pessoas não vão gostar.

Por exemplo, não me lembro de nenhum dos meus colegas executivos me dizer: "Você sabe, minha equipe poderia lidar com uma redução real no orçamento, ter um corte salarial ou menos recursos no próximo ano." Todos inevitavelmente pedem mais — e mais do que está disponível para superar as dificuldades. Você terá que fazer malabarismos entre prioridades, egos, sentimentos, *stakeholders*, finanças e sua consciência. E algumas pessoas simplesmente não vão gostar. Tudo o que você pode fazer é explicar, traçar o plano, pintar um quadro do futuro do qual você espera que eles queiram fazer parte e encorajar as pessoas a seguir em frente.

Passar de "líder terapeuta" ou "líder acolhedor" para "executor ocasional" é difícil.

Outra coisa com a qual eu tive dificuldade para lidar é que *as pessoas vão embora*. Demorei muito para não levar isso para o lado pessoal; na verdade, ainda não consigo superar esse tipo de emoção. A maneira como tentei articular isso para mim mesma depois de um tempo foi:

a. se eles apenas querem ir embora e fazer algo mais na vida, então isso é bem compreensível (uma mulher deixou minha equipe para realizar o sonho pessoal de se unir ao circo – não há muito que se possa fazer além de arrumar as coisas deles...); ou

b. se há um problema de carreira/salário que eu não poderia corrigir sem seriamente desestruturar o restante da organização, então, infelizmente, era o fim.

A propósito, nenhuma das "coisas difíceis" é uma desculpa para agir mal ou ser desagradável. Nunca. Você precisa ser o adulto. As pessoas às vezes precisarão lhe ver, até mesmo odiar, como um dos pais da empresa e você precisará impor um pouco de respeito, mesmo com falhas.

Apenas para reiterar um capítulo anterior: tente não esquecer os nomes das pessoas, tente não errar os cargos e a ortografia dos nomes quando escrever para elas. Pessoas ficam chateadas. Lembro-me uma vez de um presidente que constantemente confundia meu nome com o de outra mulher da diretoria. Fiquei insultada e indignada... até que eu mesma fiz isso. Não apenas com mulheres, é claro, mas de forma geral. Apenas peça desculpas. É uma fragilidade do envelhecimento do cérebro/sobrecarga de atenção/demência digital/o que quer que seja, mas não há desculpas para não continuar tentando acertar essas coisas (e existem "técnicas de memória" para ajudar, que associam os nomes e características das pessoas com imagens memoráveis).

5. Não há como fugir do trabalho duro

Sou constantemente questionada sobre o equilíbrio entre trabalho e vida pessoal, e vejo e ouço isso sendo perguntado o tempo todo. Entendo a pergunta, mas acho um pouco frustrante.

O equilíbrio entre trabalho e vida pessoal não é realmente o mesmo que o equilíbrio entre trabalho e família. O equilíbrio entre trabalho e vida pessoal soa como se o trabalho fosse algo que você precisa superar, e depois você pode viver. Mas podemos passar boa parte de nossa vida no trabalho, quer queiramos ou não, portanto, faz parte da vida.

Tentar encontrar o motivo e a importância no que você faz é um esforço que vale a pena, seja qual for o seu negócio ou assunto, comercial ou não. Não é tão impossível quanto parece. Lembro-me de trabalhar uma vez com um fabricante de rolamentos de esferas. Posso dizer honestamente que nunca trabalhei com um grupo com maior senso de propósito. Eles viam o trabalho como uma forma de manter o mundo em movimento, então era melhor que o fizessem de forma brilhante. A equipe era contagiante, de uma boa maneira.

Claramente, seus filhos (e às vezes até mesmo seu parceiro) precisam de você, e eles podem não achar tão divertido terem que ir ao escritório o tempo todo, seja física ou metaforicamente. Eu entendo.

Mas honestamente, se você quer dirigir ou fundar uma empresa, ou estar no topo da sua área de trabalho, é difícil fugir da necessidade de se dedicar por horas — onde e como quer que você faça isso.

Isso pode ser obviamente durante as horas do dia, mas também pode ser depois que as crianças estão na cama, ou na subida de uma montanha quando se tem ideias. Há muitos sinais encorajadores sobre a fluidez e a flexibilidade dos locais de trabalho hoje em dia. Alguns se adequam tanto aos pais quanto às pessoas que preferem seu próprio espaço. Trabalho baseado em resultados, em vez de ficar trancado em um escritório.

Não é só por causa do tempo. Pensando sobre o livro *Fora de Série*, de Malcolm Gladwell, você tem que ter muita prática para ser realmente bom em algo — dez mil horas, aparentemente. Conheço muitas pessoas que são talentosas e atrativas, mas que por qualquer razão elas nunca se aplicaram o suficiente.

Eu tive uma grande assistente pessoal uma vez. Ela era brilhante e me ajudou muito na minha vida profissional, reconhecendo e compensando as coisas nas quais eu não era boa. Ela não zombou de organizar reuniões e ordenar minha lista de afazeres. Ela era tão boa que quando surgiu uma vaga para gerente de contas, eu a recomendei. Para resumir, ela se tornou diretora da Saatchi & Saatchi. Eu não poderia ter ficado mais orgulhosa.

Em contraste, outra assistente estava sempre dizendo a seu chefe que ela não queria exercer aquela função e que ela tinha pretensões maiores. As salas de reunião não eram reservadas, o café chegava atrasado e sempre existiam desculpas pelas coisas não feitas. Ela não foi promovida.

6. Não, as pessoas não vão "apenas notar" se você estiver fazendo um ótimo trabalho: coloque seu valor na sua cabeça e no seu coração

Francamente, é ultrajante que eu esteja até mesmo mencionando isso, porque, em comparação com muitos colegas, tenho sido um fracasso na negociação de meu próprio salário e pacotes de benefícios ao longo dos anos. Muitas vezes tenho conseguido agir como se fosse grata, se não também surpresa, por alguém me dar um aumento. Eu não acho que isso necessariamente gere respeito e, francamente, quando há decisões difíceis a serem tomadas sobre como distribuir o dinheiro disponível, se você é o único que não faz barulho, infelizmente, as pessoas, muitas vezes, irão por esse caminho de menor resistência.

Portanto, não me ouça nesse caso. Leia o conselho de Sheryl Sandberg em *Faça Acontecer*, sobre como ela parou de "negociar como uma garota". Caso contrário, qualquer sucesso que eu tenha tido ao tentar ser mais assertiva deve-se à ajuda de um coach, que na verdade ajudou a escrever um "roteiro" para minha próxima revisão salarial. O roteiro ficou parecido com isto:

> Ao pensar no que a organização precisa entregar no próximo ano, este [exemplo de sucesso xyz] é o tipo de valor que estou agregando e é apropriado para o negócio que eu deva ser recompensada de uma forma que reflita isso. Também é claramente importante, do ponto de vista do negócio, que eu me sinta devidamente valorizada e motivada para fazer ainda mais.

Tenho certeza de que você terá sua própria versão ou será capaz de desenvolver uma.

Do mesmo modo, você pode se sentir como eu: se tiver dinheiro suficiente para cuidar de meus filhos, ter um lar decente, comprar algumas roupas que eu gosto e tirar férias satisfatórias, então eu estou bem. É também muito mais do que muitas outras pessoas têm. Eu não sinto a necessidade de um iate, uma Ferrari nem nada desse tipo. O dinheiro não é o que me excita, mas é bom ter um pouco e negociar sempre fará parte da vida profissional.

Às vezes, as pessoas estão muito ocupadas e/ou preocupadas para perceber o que você tem feito e se está realmente fazendo um bom trabalho. Não se preocupe em ficar chateado ou zangado, você só precisa fazer com que seja um pouco mais fácil para elas notarem — principalmente se você tiver uma maneira mais "sutil" de conseguir mudanças e resultados em seu estilo de gestão, em vez de fazer disso um grande show. Nunca deixa de me surpreender como as pessoas podem ser seduzidas por aqueles que falam e gesticulam muito, mas na verdade não conseguem passar a mensagem.

Você pode não gostar ou não ter o hábito de "copiar as pessoas" em seus sucessos e conquistas, mas, sinceramente, faça isso apenas no que é importante. Você não quer continuar a dizer que apagou incêndios, porém, se sua equipe foi premiada com alguma coisa, recebeu excelentes comentários de clientes ou foi convidada a apresentar em uma grande conferência, é bom que as pessoas saibam.

Lembro-me quando, em uma função de gerência, em uma avaliação, meu chefe executivo na época comentou que ele achava que eu poderia ser mais notável nos novos negócios e no tratamento dos clientes. O fato de que eu tinha administrado e ajudado minha excelente equipe a fazer exatamente isso e com grande sucesso tinha sido esquecido por ele. Na verdade, tivemos grande sucesso ao ganhar novos negócios como equipe, em prêmios da indústria, novas e brilhantes pessoas se unindo e recebendo boas críticas de clientes. Ele simplesmente não tinha associado tudo isso diretamente com o que eu poderia ter feito. É engraçado quando seu instinto natural pode ser o de dar crédito aos outros e assumir a culpa. Às vezes funciona que as pessoas percebam que era você fazendo o que faz. Mas não funciona tão bem, particularmente quando você pertence a empresas americanas que provavelmente tendem a ser muito mais adiantadas em relação a essas coisas.

7. Você precisa estar sempre preparado

Às vezes me sinto cansada até mesmo de falar sobre isso, mas toda a minha experiência com marcas de sucesso mundial, extremamente valiosas de todas as perspectivas, me leva a perceber que as de sucesso a longo prazo mantêm um nível constante de energia, renovação e inovação.

No que concerne à "liderança de marca pessoal", Madonna sempre foi a melhor profissional com sua constante reinvenção. Você pode não sentir a necessidade de ir tão longe quanto Miley Cyrus em sua transformação da saudável Hannah Montana para estar nua em uma bola de demolição... mas certamente foi uma reinvenção muito lucrativa à sua maneira.

Então, o que é possível fazer para se reinventar como um mero mortal? Bem, o ideal é não ficarmos presos a uma grande quantidade de tempo por conta da aparência; quer gostemos ou não, as pessoas ainda são fortemente influenciadas por seu senso de apresentação pessoal. É bom participar de conferências, cursos e continuar trabalhando com muitas pessoas novas, jovens e empreendedoras para garantir que você se mantenha atualizado com as notícias e desenvolvimentos tecnológicos da indústria. Eu tive que me forçar a visitar certos canais de mídia social para ver como eles são, mas você aprende alguma coisa. Tente atualizar seu smartphone ou dispositivos para que você não fique constrangido, a menos que esteja fazendo uma declaração retroativa deliberada em um celular antiquado. Mas certifique-se de que as pessoas saibam que é deliberado, e até mesmo por quê.

Continue fazendo e aprendendo coisas que ampliem e expandam você — talvez faça um arabesco lateral em uma indústria diferente para usar suas habilidades transferíveis para causar um novo impacto.

E leia, viaje, questione as pessoas.

Assim que você sentir que sabe tudo, que viu tudo e que não tem mais nada a aprender, isso significa que você vai fossilizar e se tornar cada vez menos relevante e cada vez menos valioso para qualquer organização. Claramente, pode haver algumas etapas em sua vida nas quais você não se importa muito com isso... mas aquilo é para aquela época, e isso é para agora. Estive recentemente em um seminário sobre Inteligência Artificial, no qual alguns dos participantes eram empresários na casa dos 70 e 80 anos e estavam lá porque ainda eram curiosos e queriam aprender.

Além disso, (nota para si mesmo, tanto quanto para qualquer outra pessoa) tente fazer uma quantidade decente de exercícios, para que você possa se movimentar bem e de forma fluida durante o máximo de tempo possível.

Manter-se no topo requer um pouco de resistência e energia, mas muito mais pessoas são capazes de liderar do que pensam ser.

E não como uma garota. Como uma mulher.

As mulheres que comandam as coisas precisam de #YouToo [você também, em tradução livre].

NOTAS PARA SI MESMO

- Receba feedbacks (justos), use qualquer irritação e dê um passo adiante para liderar as coisas.
- É melhor tentar ser a melhor versão de si mesmo o máximo de tempo possível.
- Desenvolva e use algum tipo de recurso/atributo único para fazer você se destacar.
- Ame as pessoas (mesmo sabendo que elas não vão te amar de volta o tempo todo); seja durão quando necessário.
- Mantenha-se firme. O mundo precisa de você...

Questionário bônus! Você está pronto[a] para a liderança?

1. Você tem pulso? Sim/Não
2. Você é bom em alguma coisa? Sim/Não
3. Você já foi capaz de persuadir alguém a fazer algo que ele não queria fazer? Sim/Não
4. Você está disposto a aprender coisas novas que você não sabe? Sim/Não
5. Você pode agregar valor? Sim/Não

6. Você pode ranger os dentes e continuar a fazer coisas mesmo quando sente vontade de rastejar para um canto e chorar? Sim/Não
7. Você está disposto a fazer terapia/desenvolvimento pessoal para resolver qualquer assunto que possa atrapalhar seu caminho? Sim/Não

Se você respondeu mais do que alguns "sins", vale a pena tentar...

CAPÍTULO DEZ

Os caras legais não terminam em último

Sobre a razão pela qual os negócios e o mundo em geral realmente precisam de simpatia para dar certo

Se há uma coisa que me deixa em alerta, com certeza, é quando as pessoas citam aquela expressão “caras legais terminam em último”. Você já pode saber a origem da frase, mas há algumas dúvidas quanto ao que Leo Durocher (um lendário jogador de beisebol e empresário dos Brooklyn Dodgers) realmente disse. Aparentemente, foi “terminar em sétimo”. Não tenho certeza se isso equivale a ser o último e isso não tem um toque tão definitivo e condenatório. Mas o que não está em dúvida sobre Durocher é que ele realmente acreditava que os caras legais não terminavam em primeiro lugar. Quando ele escreveu sua autobiografia e se apropriou da citação do “terminam em último” como verdade, ele foi mais longe e disse:

“Caras legais terminam em último... Dê a mim alguns jogadores motivados, com desejo de matar... Esse é o tipo de cara que eu quero que jogue para mim”.

Sim, ele era um sujeito e tanto.

Duas coisas a serem observadas aqui:

1. trata-se de um jogo específico de bola norte-americano (não da vida); e
2. ele disse isso em 1946.

Porém, a citação foi tão memorável, e supostamente tão "fácil" de aplicar a exemplos mais vastos em um mundo de negócios clichês e machista, que persiste muito além de sua data de validade.

E enquanto você ainda pode dirigir uma empresa dessa forma antiquada (e até mesmo acreditar secretamente que a coisa dos "caras cruéis ganham" pode ser verdade), o mundo digital e os movimentos sociais de hashtags tornam muito mais difícil aplicar a citação.

Os dias em que as pessoas conseguiam esconder atividades vis, quando os empresários (homens, em sua totalidade) se vestiam e falavam como se fossem machos dominantes e as poucas mulheres sentiam que precisavam usar sapatos de salto alto e ombreiras para competir já não existem mais. Não, se você vai ser um bastardo hoje em dia, você precisa estar alheio ou confiante de que pode se safar à vista de todos. Então cabe aos clientes e aos reguladores decidir se eles vão deixar você escapar.

Todos nós podemos pensar em figuras do "hall da vergonha" nos negócios que são desonestas, misóginas e repulsivas que estão por aí, mas a verdade é que as pessoas têm que ser muito más (ou corruptas, de forma que afasta os clientes e assusta os investidores) e seus críticos muito determinados a fim de adiar a compra do que acham conveniente. Está tudo bem dizer aos pesquisadores de mercado que você está indignado com o comportamento de alguém nos negócios, ou que os queridos varejistas de rua independentes estão fechando, mas se você realmente não mudar seu próprio comportamento e "votar" a favor do afastamento dos nocivos (mesmo que os "nocivos" não tenham feito nada ilegal), então você é parte do problema.

O que foi interessante no meu tempo na Saatchi & Saatchi foi que a cultura estava realmente muito envolvida emocionalmente, intensa e apoiadora, naquela forma "amor/ódio" de família. A visão era verdadeiramente extraordinária e, na maior parte das vezes, eu a adorava.

O que eu nunca pude aceitar, e nunca pude dizer com seriedade (ou de jeito nenhum), era que a agência acreditava obsessivamente em "vencer" (sem problemas até aí)... e que parte disso era sua crença em gostar de ver "outras pessoas perderem" (nada bom). Por que você gostaria de sentir isso, muito menos dizer em voz alta? Eu simplesmente não conseguia ver por que era necessário, mas talvez fosse apenas o meu coração de liberal falando.

Sendo o melhor

Na verdade, uma rápida história incidental sobre essa coisa de coração liberal e encontrar surpresas agradáveis onde menos se espera. Minha agência foi convidada a fazer uma apresentação para a conta publicitária do Exército Britânico alguns anos atrás. Era uma divulgação altamente competitiva para uma conta realmente grande, que tinha anteriormente feito alguma publicidade de alto perfil. Designei um grande estrategista em minha equipe para a apresentação, disse que se necessário estaria lá com conselhos, e prossegui com meu trabalho diário. Passados alguns dias e a fabulosa pessoa tinha sido arrastada para alguma outra emergência. Com o coração pesado, eu carreguei aquele fardo nas minhas costas (na verdade, acho que se chama "liderar pelo exemplo") e disse que eu mesma faria a divulgação.

Eu estava convencida de que precisaria fingir interesse (da maneira mais sincera possível). Também teria que morder a língua, já que o treinamento para matar não era uma coisa agradável de se fazer. De qualquer forma, comecei devidamente minha jornada de familiarização, conheci o brigadeiro responsável e fiz uma série de visitas a campos de treinamento para ver exercícios militares em Salisbury Plain e em Sandhurst. Além disso, entrevistei um amplo número de pais, professores e recrutas atuais e potenciais de todas as etapas e origens sobre o motivo de ingressar no Exército ser algo atraente para se fazer.

O que mais me afetou foi visitar o centro de treinamento do Exército em fase inicial, onde muitos jovens de 16 e 17 anos, espinhentos e emburrados, entravam de um lado e emergiam sete semanas depois transformados. Não encontrei os sanguinários belicistas de meu preconceito, mas sim jovens que haviam encontrado amizades próximas e muitas vezes construíram famílias entre seus colegas de pelotão e oficiais de comando. Eles tinham desenvolvido um senso de propósito e confiança, seus ombros estavam um pouco mais erguidos e tinham aprendido habilidades práticas como dirigir e consertar máquinas (assim como atirar em coisas).

O que eles queriam acima de tudo era fazer o melhor de si mesmos. Alguns sentiam um forte senso de responsabilidade de que "alguém tinha que fazer essas coisas difíceis" de proteger a liberdade e a democracia daqueles que a esmagariam pela força, e eles sentiam que poderiam fazer isso bem. Outros tinham motivações mais básicas e sentiam que, das opções de trabalho disponíveis, essa poderia dar-lhes mais habilidades práticas e ajudar suas perspectivas de emprego no futuro. A maioria encontrou muito mais.

Além disso, descobri que o Exército britânico era genuinamente considerado um dos melhores, se não o melhor, exército profissional do mundo. Além disso, treinou todos os tipos de líderes mundiais, o que muitas vezes gerou camaradagem e boa vontade duradouras. O Exército britânico é um verdadeiro "poder bruto" suave para o Reino Unido.

De todos esses antecedentes, surgiu a linha de campanha "Seja o Melhor", que ainda está em curso até hoje. Não tenho certeza se uma linha "seja legal" se encaixaria exatamente da mesma forma, mas encontrei caras legais e decência em lugares inesperados.

Eles também não estavam terminando em último.

Ser bom é bom

Além dos vilões comerciais de alto nível, há muito mais líderes medíocres que estão fazendo um trabalho aceitável e se safando. E, embora não estejam batendo em bebês focas, eles também não estão contribuindo para a soma da felicidade humana.

Isso poderia ser um pouco deprimente em relação aos "caras legais" (e seria bom encontrar um termo melhor do que "caras" para esse tipo de substantivo coletivo informal que serve tanto para homens quanto para mulheres; talvez apenas "pessoas" seria melhor...). Porém, por outro lado, há evidências crescentes de que os negócios "bons" e felizes funcionam melhor.

Veja alguns exemplos. O estudo global Meaningful Brands da Havas Media mostrou que as marcas mais "significativas" e orientadas para o propósito superaram o mercado de ações em 134 por cento em 2019. Pesquisas realizadas pela EY e *Harvard Business Review* mostraram que a receita das empresas voltadas para o propósito cresceu dez por cento a mais do que a linha plana das empresas que não tinham o material feito com alma.[1] A Unilever, uma das maiores e mais bem-sucedidas empresas de bens de consumo do mundo, informou que suas marcas voltadas para o propósito estão crescendo ao dobro da velocidade das outras.

Eu não tenho uma máquina de raios X para espreitar dentro do coração do ex-CEO da Unilever Paul Polman, mas pelo que eu posso colher, ele tem algumas opiniões fortes sobre propósito, decência e a importância central da sustentabilidade nos negócios, em todos os seus significados.

Um negócio agradável é realmente um bom negócio.

ENTÃO, O QUE EU QUERO DIZER COM AGRADÁVEL?

Bem, que tal alguém que:

- gera confiança nos outros, escuta e encoraja;
- administra um negócio como uma empresa humana (com métricas equilibradas como clientes, funcionários, medidas sociais e ambientais, assim como resultados lucrativos);
- quer fazer o melhor para os clientes;
- não abusa do poder, mas o usa para fazer o bem mais vezes;
- é honesto quando comete erros e vai além do dever legal de corrigi-los;
- toma decisões difíceis, mas é humano e útil na preparação das pessoas para outro trabalho;
- reconhece pessoas tóxicas e se não puderem ser tratadas, pede-lhes que saiam do negócio, não importa quantas vendas elas tragam;
- é curioso e tem mente aberta sobre novas formas de trabalhar e conseguir fazer as coisas;
- vê o futuro que se aproxima e adapta o negócio de forma oportuna e apropriada;
- reconhece que se você não garantir que a sociedade compreenda e se beneficie mais amplamente do que você faz, os negócios não serão vistos como úteis por ela;

- é respeitoso com os animais e à vida na terra, assim como aos seres humanos.

Não é muito a se pedir, na verdade.

No lado extremo, os líderes desagradáveis são um risco. Seus funcionários ficam assustados, então as más decisões não são contestadas, ou o talento vai embora, ou francamente o resto da organização deixa de se importar e apenas aceita o seu pagamento, enquanto minam secretamente o negócio. Sobre isso, pesquisas sugerem que as empresas com funcionários "engajados" obtêm um lucro operacional de 19 por cento. As empresas com funcionários sem engajamento têm lucros correspondentes a uma redução de 24 por cento.[2]

Lembro-me vividamente quando o CEO de uma organização com quem trabalhei disse que se os funcionários não achassem que o diretor financeiro era um completo degenerado (na verdade ele usou uma palavra pior do que "degenerado", mas vou encobrir isso por enquanto), então você teria a pessoa errada no cargo. E este cara procedeu devidamente ao intimidar os pobres jovens executivos sobre as minúcias em suas despesas, enquanto assegurava que a equipe sênior recebesse enormes bônus.

Isso é o que está por trás das revoluções, como sabemos.

Quando Jane Shepherdson, ex-CEO da Topshop (parte do Grupo Arcadia) foi questionada sobre suas experiências de trabalho com sir Philip Green, ela não se conteve:

"Não há dúvida de que ele era um valentão. Todo mundo sabe que ele era um valentão.

Ele intimidou as pessoas, mas não a mim. Ele tentou — ficava muito irritado e gritava bastante e depois eu ficava muito irritada e gritava bastante. Eu não estava zangada de verdade, apenas sabia que a maneira de falar com um valentão era fingir ficar muito zangada, gritar com eles e, então, toda vez que eu fazia isso, ele desistia.

Foi realmente cansativo fazer isso. Tem seu preço. Você tem que se tornar agressiva constantemente".[3]

Perder qualidade, uma equipe talentosa e aterrorizar os outros é garantia para prejudicar o negócio. Também faz os investidores perderem o interesse no negócio, bem como para os futuros candidatos a empregos. É um ciclo vicioso.

Apenas uma das contas legais da Arcadia em 2019 era estimada em três milhões de libras.[4] Basta pensar no que mais a empresa poderia fazer com todo aquele dinheiro e energia melhor colocadas.

Há miséria suficiente e o mundo já pode ser um lugar difícil o suficiente sem que as pessoas sejam desagradáveis umas com as outras. Na verdade, é imperativo para todos nós tornar cada interação humana tão positiva quanto possível.

As pessoas podem zombar das campanhas de "fazer o bem" assim como de "pensar no futuro". Pessoas como Ellen DeGeneres e Oprah Winfrey têm alguns milhões de dólares para doar. Apesar disso, em uma nota mais simples e mais recente, Oprah também disse: "Você tem que se inclinar para a felicidade."

Alguém poderia fazer com que ela fosse presidente, por favor?

O PROBLEMA COM OS VALENTÕES

Felizmente, hoje em dia é mais fácil lidar com os valentões.

As empresas sabem que *bullying* é uma palavra cara por causa do sólido custo do risco legal e da reputação, além da perda de pessoas talentosas. Por isso as reclamações são ouvidas.

Se você sente que alguém o está intimidando, comece falando com ele e tentando dar o benefício da dúvida: "Tenho certeza de que você não queria se expressar dessa forma, mas foi assim que fez eu me sentir. Então, da próxima vez, por favor, aproxime-se de forma diferente." Se isso acontecer novamente, reafirme seus sentimentos e faça isso por escrito. Envolva a equipe de RH.

Em minha experiência, os valentões frequentemente recuam se você os enfrentar.

Lembre-se, o problema é deles, não seu. Mas você pode controlar como lidar com ele com a ajuda de colegas ou do RH, se precisar. É claro, se você conseguir administrar a organização, você pode se livrar de todos os valentões que quiser.

Na era pré-Trump, pré-Putin, pré-governos autoritários, vários governos levavam a sério ter um índice de "felicidade e bem-estar" como medida para o sucesso de suas sociedades. Afinal de contas, para que estamos aqui além de tentar fazer do mundo um lugar melhor? Essa coisa da felicidade tem sido sufocada por enquanto.

Pensando mais sobre a maneira constante de administrar "castigos" em vez de "incentivos", se você não for simpático com as pessoas no trabalho, principalmente com os iniciantes, pode apostar seu último dólar que a pessoa que você pode ter ignorado ou tratado de forma condescendente ao longo do caminho vai acabar sendo capaz de lhe dar negócios ou ajudá-lo em algum momento. E como um resultado de sua falta de gentileza, eles podem, à parte da própria bondade, ter algum prazer em não o fazer.

As pessoas que são rudes com garçons, faxineiros, pessoal de serviço ou qualquer iniciante enquanto se aproximam de seus chefes e colegas realmente me dão arrepios.

Incontáveis vezes eu já tive uma pessoa sorridente à mesa comigo que ficava desdenhosa quando o garçom aparecia. Essas pessoas caem no meu conceito.

Portanto, acho que é bom ser agradável, assim como ser conhecido por isso.

Nada agradável

Agradável obviamente não precisa significar "legal" de um jeito forçado e permissivo, de modo que as pessoas sintam que podem se aproveitar de você, fazer um mau trabalho ou, geralmente, levar vantagem. Ser agradável às vezes é dar às pessoas um feedback difícil porque elas precisam dele para melhorar — e de fato, para que elas mesmas sejam mais agradáveis de vez em quando.

É importante fazer isso não apenas porque funciona melhor. Mesmo que as provas "claras" não estejam lá, novamente, é apenas melhor (e mais agradável) para todos.

Isso não é mais verdadeiro do que quando você está escolhendo um parceiro para a vida. Na verdade, amigos e parceiros em geral.

Eu conheço muitas mulheres inteligentes, atraentes, vitais, cheias de potencial. Porém, por qualquer razão, elas se relacionam com pessoas que as diminuem.

Se alguma vez eu compartilhar o equivalente às minhas dez melhores dicas, então assim que passar pelas suspeitas habituais, como a importância da apresentação, habilidades, experiências, se organizar etc., na dica número 10 eu normalmente direi, "Apenas tenha um relacionamento com alguém que faça você se sentir bem consigo mesma". Isso vale tanto para os amigos quanto para amantes e parceiros. E isso não significa que precisa ser alguém que sempre (e somente) lhe diz coisas boas — a motivação deles simplesmente precisa ser positiva, apoiando você para ser tão boa, feliz e bem-sucedida quanto pode ser.

Havia um exemplo comovente disso em uma empresa com a qual eu estava envolvida: uma mulher realmente atraente, vivaz e brilhante, que em algum momento foi vista como uma gerente de alto potencial com a confiança e a maneira que refletia isso. Alguns anos depois e suas características e seu rumo tinham mudado. Ela tinha desenvolvido um riso nervoso e seu rosto mostrava vestígios de privação e tensão do sono. Eu percebi que ela tinha um relacionamento instável, seu namorado não era confiável no departamento de fidelidade, mas sempre voltava. Porque, francamente, por que ele não voltaria quando ela sempre o aceitava, levava uma vida decente e parecia ótima? De qualquer forma, eles acabaram se casando e tiveram um bebê. Depois outro. Ela ainda conseguiu manter o relacionamento, mas novamente, coisas ruins apareceram, em seu rosto, em seu corpo e eventualmente em seu trabalho.

Não sou de criticar a aparência de qualquer outra pessoa quando ela está grávida ou sendo mãe, mas isso foi diferente. Além da rodada usual de problemas de sono, estresse no trabalho e culpa, ela tinha o fardo extra de parceiro crítico que agia como uma víbora no ninho. Depois, ela mencionou que ele até criticou como ela cozinhava para os filhos. A vida foi um longo desgaste.

O que ela tinha para, de alguma forma, não se sentir digna de um parceiro decente? Por que preferia ter alguém que a "tratasse tão mal"?

De qualquer forma, depois de um tempo ela finalmente se separou e se estabeleceu em uma carreira estável enquanto tentava administrar a vida como uma mãe solteira. Tenho certeza, porém, de que uma grande parte dela estava aliviada e liberta.

Lembro-me também de outra amiga que me dizia com um suspiro: "Sabe, você realmente se casou bem. Diferente de mim." Ela não queria dizer que eu tinha casado com um homem rico ou com perspectivas óbvias na época (porque isso certamente não era óbvio). Apenas que me casei com alguém que tem sido realmente solidário, acredita na igualdade e no feminismo sem um enorme esforço de autoconsciência. Em contraste, o cara com quem ela casou era, mais uma vez, alguém a ser administrado, mal-humorado e que ela precisava pisar em ovos quando estava perto.

É exaustivo, principalmente quando já se tem um trabalho exigente, quanto mais com o dever de cuidar juntos de crianças. (Sempre que ouço alguém falar em ter um bebê "para uni-los como parceiros", tenho que organizar minhas feições em uma carapaça calma, enquanto tenho pensamentos catastróficos.)

Contratação e demissão

Tive muita sorte no departamento da "cara metade" e tenho o cuidado de não fazer pouco caso disso. Ser uma classicista significa que eu sei que a arrogância é seguida por nêmesis. Sempre que digo às pessoas que sou sortuda, que tenho um parceiro muito solidário e que de alguma forma conseguimos sentir que evoluímos mais juntos do que teríamos feito separadamente, estou interiormente me esforçando para não tentar o destino. Porém, talvez novamente seja a síndrome do impostor em ação.

Mas, honestamente, em termos de confundir o trabalho e vida pessoal de uma forma útil, se você é bom ou pode se tornar bom no recrutamento no trabalho, você também pode ser bom no recrutamento de parceiros "agradáveis".

Hoje em dia é mais fácil, porque a pirâmide de "experimentar pessoas" está invertida. Antigamente, se você não tivesse a sorte de conhecer bem as pessoas (realmente conhecê-las) da escola, da universidade ou do trabalho (e saber que vocês tinham coisas em comum ou que elas não eram psicopatas), você poderia conhecer alguém em uma festa, em um bar ou clube. Você pode ter química (até mesmo explosiva), mas descobrir nos próximos meses ou mesmo anos que vocês têm muito pouco em comum. Isso sem colocar um ponto muito bom nisso, as reações químicas acabam por se esvair. Hoje, no equivalente pessoal do LinkedIn, você tem a oportunidade de "recrutar" um parceiro potencial (por meio dos melhores sites de encontros on-line) que tem interesses e valores semelhantes aos seus — é apenas uma pequena questão de conhecer pessoas suficientes até encontrar alguém com quem você também tenha química. Tratar isso como um hobby, e conhecer duas pessoas por semana durante um ano pode ser chamado de "testar e aprender". Esse é um negócio pessoal.

Caso pareça que estou mais familiarizada com sites de relacionamentos do que seria apropriado para uma mãe de duas filhas felizmente casada, devo enfatizar que tenho essa experiência por meios secundários. Principalmente de mulheres executivas amigas ocupadas que encontraram o amor — e tiveram uma família em alguns casos — com eficiência e eficácia assustadoras quando elas estavam muito ocupadas para deixar isso ser aleatório.

Ter um parceiro solidário é um ingrediente útil na vida e pode contribuir muito para o sucesso e a felicidade. E por isso, vale a pena investir um nível "profissional" de tempo e esforço. Mas se você é mais feliz vivendo sozinho, bom para você. Essa é a outra coisa "legal" da vida agora. Você pode ter sistemas de apoio para fazer o que deseja, com ou sem alguém dormindo com você.

Como visto na tela

Como um leve aviso de saúde, mesmo que você esteja tentando ser "agradável", compartilhando suas experiências caso elas sejam úteis aos outros, isso pode ser repleto de dificuldades e sensibilidades — tanto que você se pergunta por que diabos você se coloca no caminho do mal.

Quando minhas filhas eram pequenas, me pediram para aparecer em um programa de TV e, como eu realmente gostava e confiava nos produtores que conheci, eu concordei. Eles queriam apresentar um espectro de maternidade no programa, e isso significava que eu representaria a mãe trabalhadora em sua totalidade. Talvez você possa imaginar o desfecho disso: tudo o que eu digo em minha defesa é que me senti no dever de tentar representar as mulheres de negócios e as mães trabalhadoras da maneira mais positiva possível.

Como eu também estava representando o ângulo comercial, eles queriam algumas imagens de mim dirigindo para casa do trabalho no carro da empresa, conversando com nossa babá no telefone do carro enquanto ela cuidava das crianças e antecipava minha chegada. Era na verdade um programa razoavelmente equilibrado, e não era como se eles inventassem o fato de eu frequentemente ligar para minha babá no telefone do carro no caminho de casa. Na verdade, minhas filhas pareciam bastante felizes e saudáveis no programa e até mesmo conseguiram demonstrar animação em me ver quando cheguei em casa. Isso não impediu as pessoas de comentarem que me achavam uma péssima mãe por não estar em casa com minhas filhas e conferir as coisas por telefone. Como um adendo, meu agora marido, então parceiro, sensatamente não queria nada disso, e os produtores ficaram reduzidos a mostrar uma foto dele segurando uma das crianças, comigo dizendo como ele era alguém que me apoiava — embora claramente não o suficiente para estar lá em carne e osso.

Francamente, eles não conheciam nem a metade da síndrome da "mãe ruim". Você particularmente sabe que pode ter feito um trabalho menos que excelente na gestão da educação de seus filhos quando eles se tornam adolescentes. Uma de minhas filhas estava hospedada na casa de uma amiga quando ela tinha cerca de 14 anos. As duas ficaram sozinhas em casa por um tempo à noite (eu não sabia que essa seria a situação) e acharam que tinham ouvido um barulho no andar de baixo. Elas ficaram com medo de que alguém pudesse estar invadindo a casa e pensaram em chamar a polícia. Apesar de vivermos no Reino Unido, elas iam ligar para o 911 em vez de 999. Sim, esse é o tipo de agonia em que você precisa pensar quando permite que seus filhos assistam a muitas séries de TV americanas em nome da paz e do sossego. Por fim, o barulho não era nada, e elas estavam bem. Ufa!

E já que estamos nisso, não estou alegando que nunca, em nenhum momento, me comportei de maneira difícil no trabalho. Embora me tenham dito que normalmente sou calma e solidária, demonstrei sem dúvida as falhas habituais de cansaço, estresse, desapontamento e vida normal. Se eu não notei e não me desculpei adequadamente na ocasião, então me desculpe. De verdade.

Eu poderia ter dançado...

Este capítulo seria incompleto se eu não compartilhasse uma memória que me remete à diferença existente entre um mindset legal e um desagradável.

Quando eu era pequena, participei de uma competição de dança em Londres. Enfatizo isso porque em minha escola de dança, em minha cidade natal, as pessoas eram, ou geralmente fingiam ser, simpáticas e apoiadoras. Mas na competição All-England, havia um nível "geral" de competitividade e drama psicológico. Em meu grupo, eu estava competindo contra algumas garotas e uma de suas amigas veio até mim pouco antes de eu entrar no palco.

Ela me olhou com muita atenção. "Lembre-se disso: minha amiga vai ganhar, e você vai perder", disse. Claramente, ela estava mostrando um notável e precoce nível de compreensão pré-PNL do conceito antes que ele fosse *mainstream*. Na verdade, sua amiga terminou em terceiro lugar e eu fiquei em segundo.

As garotas legais não terminam em último. Talvez em segundo lugar, às vezes.

Honestamente, você pode se dar bem com gentileza e bondade. Então, vá e faça acontecer.

NOTAS PARA SI MESMO

- Não acredite no lixo machista sobre a bondade ser uma fraqueza. Isso não é confirmado pelos dados e a grosseria é um GRANDE risco.
- Recrute pessoas agradáveis. No trabalho, na vida e na diversão. Principalmente na vida.
- Apenas seja legal, ponto final. Tudo o que vai, volta.

CAPÍTULO ONZE

Você e o futuro dos negócios

Sobre por que o mundo dos negócios realmente precisa de... VOCÊ. Você por inteiro, com falhas e tudo mais

Sobre o tema de salvar o mundo do mal, eu adorei o filme *Meu Namorado é um Zumbi* com Nicholas Hoult e John Malkovich.

É um daqueles filmes sobre o amor jovem que faz as mulheres adultas se sentirem calorosas e melancólicas. Eu o colocaria na mesma categoria que assistir secretamente a *todos* os filmes da saga *Crepúsculo* (na minha opinião, o primeiro foi de longe o melhor, embora seja óbvio que eu tive que assistir a todos eles para comparar).

A principal diferença entre *Crepúsculo* e *Meu Namorado é um Zumbi* é que, enquanto Robert Pattinson/Edward Cullen é um vampiro, Nicholas Hoult/R é... um zumbi. O filme é uma comédia romântica de zumbis.

Em um mundo pós-apocalíptico, há uma guerra entre zumbis (ex-humanos) e humanos sobreviventes. Um dos "jovens" zumbis (R, interpretado por Hoult) mata o namorado de uma garota humana, come o cérebro dele (algo duro de se assistir para mim, como vegetariana), começa a ter "sentimentos" e depois resgata a garota dos outros zumbis. É melhor do que parece.

De forma gradual, R começa a voltar à vida. Seu coração humano revive e bate novamente. Ele também lidera a reconciliação entre os humanos e os outros zumbis, que também mostraram (bons) sinais de humanidade ao ver o jovem casal se apaixonar. As únicas exceções a isso são coisas assustadoras chamadas "Boneys", zumbis esqueléticos que caçam qualquer coisa com um batimento cardíaco e foram longe demais para voltar à vida.

No final, os humanos e os zumbis "legais" unem forças e matam a maioria dos Boneys, e a sociedade humana está novamente unida. Ah, é legal.

Eu estaria mentindo ao dizer que eu obtive uma mensagem profunda do filme na época, mas havia a sensação habitual de satisfação quando os céticos se convertem, os maus são derrotados e o amor triunfa, fazendo do mundo um lugar melhor.

Mudando o equilíbrio químico

Com base na alegoria óbvia, seria bom conseguir um número suficiente de bons seres humanos em posições de influência e poder para que eles pudessem converter qualquer zumbi comercial disposto (mesmo aqueles secretos), e escoltar aqueles sem esperança para uma unidade de tratamento segura.

E sim, espero que isso signifique VOCÊ. Como um bom ser humano.

Tenho ouvido muitas conversas acaloradas ao longo do tempo sobre como "as pessoas" precisam fazer x e y para consertar o mundo, sobre como "as pessoas" precisam torná-lo mais justo, para depor as pessoas erradas que estão no comando. Porém, mais uma vez, espero que VOCÊ seja "a pessoa" a fazer isso.

Comentei sobre isso nos capítulos anteriores, mas vou dizer novamente aqui. Gostaria de ver muito mais mulheres comandando organizações — como muitas de nós gostaríamos. O mundo precisa de um equilíbrio hormonal e químico diferente no topo de todas as instituições. E não me refiro apenas a ser sênior, mas a ser presidente,

CEO, diretora-executiva, diretora-geral. Me refiro a ser a pessoa que toma as decisões finais, misturando-as com todas as outras pessoas que tomam as decisões e causam impacto em todo o mundo. Estou ciente de que muitas vezes essa pessoa "no topo"' não se sente completamente no comando quando tem acionistas, vasta força de trabalho e/ou eleitores, mas o "tom do topo" faz uma grande diferença.

Se você é capaz de administrar uma organização — e acho que podemos garantir que há muito mais mulheres capazes de fazer isso do que pensam, ou a quem foi dada a chance de fazê-lo — então vale a pena pensar se você sente que pode até mesmo ser uma responsabilidade social fazê-lo.

Tenho falado com tantas mulheres brilhantes que admitem que, mesmo que estivessem sendo consideradas, afastaram-se de posições de liderança porque, compreensivelmente, sentiam que haveria muitos contratempos e angústia, que isso não se encaixaria em suas vidas, que prefeririam trabalhar por conta própria ou mesmo como freelancer por alguns anos. É difícil separar o quanto isso está atrelado à dúvida de ver a si mesmo como impostor durante um longo período, mas não é difícil perceber que, se você se julgar muito e não acreditar que obterá o apoio certo, administrar uma organização no topo parece menos convidativo. E então, muitas vezes pode ser difícil para as mulheres voltarem aos principais locais de trabalho, mesmo se elas quisessem. Em paralelo à discussão mais ampla da liderança, é realmente importante defender políticas para facilitar essa oportunidade de "segunda vinda", de "retorno", também para as mulheres.[1]

Conheço tantas mulheres de quarenta, cinquenta e sessenta anos que seriam mais do que capazes de voltarem ao local de trabalho corporativo se escolhessem, com todas as habilidades que aprenderam sobre a gestão de pessoas e situações difíceis (crianças, família, escolas, construtores), e sobre empreendedorismo e autoemprego, tudo isso, crucialmente, acrescenta à sua experiência original no local de trabalho. E não apenas para fazer um trabalho no meio do caminho, mas para subir a escada corporativa. Algumas empresas estão fazendo algumas coisas boas para encorajar as mulheres a voltar, mas isso deveria ser a norma e não a exceção. Empresas como Credit Suisse, Morgan Stanley, IBM, General Motors e várias empresas de tecnologia têm programas interessantes, mesmo que ainda em pequena escala. Mais trabalho necessário para todos.

Nós contra o mundo

Claramente, como uma rota alternativa, as mulheres podem criar fabulosos negócios com interessantes startups e empresas de comercialização exclusiva. É fantástico ver que o número de empresas pertencentes a mulheres aumentou em quase três mil por cento desde 1972 nos Estados Unidos, de acordo com o relatório *State of Women-Owned Businesses* [Situação das empresas pertencentes a mulheres, em tradução livre] de 2018.[2] Ruim, no entanto, é que, em 2017, apenas 17 por cento das startups tinham uma fundadora.[3]

No entanto, sem colocar um ponto muito preciso sobre isso, existem muitas pessoas que dirigem grandes e influentes empresas e instituições que têm o poder de estourar essas simpáticas bolhas de negócios. E se temos comunidades divididas, um ambiente degradado e uma força de trabalho infeliz na sociedade mais ampla por causa de líderes que se comportam mal, é mais difícil se sentir bem.

Além disso, como sabemos, iniciar um negócio e trabalhar por conta própria não é isento de estresse — encontrar o próximo cliente ou nova empresa sem recursos ou uma marca de alto perfil ao seu redor pode ser bastante desafiador.

O bom é que, hoje em dia, com todas as pressões públicas sobre as organizações para promover a diversidade em geral, e uma consciência mais profunda de coisas como o preconceito inconsciente, a licença parental neutra etc., há definitivamente uma porta mais aberta para aqueles interessados em fazer as coisas de forma diferente. E muito que qualquer um pode fazer para se colocar nessa posição. Porque precisamos muito disso.

O mundo depende de você

Perdoe as menções exageradas, mas o tema que percorre este livro, e especificamente este capítulo, é que a realização dessa mudança precisa de você. Aqui estão alguns exemplos.

Minha irmã não se importa que eu dê a você um exemplo realista da vida profissional dela. Ela é um pouco mais velha do que eu e de uma geração que foi feita para sentir que os empregos para as mulheres eram menos importantes porque você ia deixar o trabalho para educar seus filhos. Se você quisesse voltar e fazer meio período depois, seguindo esse raciocínio, então tudo bem, mas francamente, isso não renderia muito.

Quando ela voltou a trabalhar em tempo parcial em uma empresa muito boa, ela costumava me contar como seus gestores estavam estragando tudo, que eles tinham pouca noção de como motivar as pessoas e que, honestamente, ela sentia vontade de apenas fazer o mínimo para sobreviver. De uma forma não exatamente gentil, eu lhe sugeri que se ela não gostava da maneira que as coisas estavam sendo administradas, então por que ela não se oferecia como gestora e fazia tudo da maneira correta? Ela me disse que, sinceramente, ela não precisava do incômodo de entrar em uma posição de gestão. Eu disse a ela que, sinceramente, ela precisava então aceitar qualquer gestor que a empresa colocasse em seu caminho. Apresento a vocês o amor fraterno.

Se você quiser um gestor melhor, ele pode ser você.

Estou dolorosamente consciente de que provavelmente me afastei da função de CEO um pouco cedo demais quando as coisas ficaram difíceis, e eu não "fui em frente" de uma boa maneira na época. Eu odiei isso. É verdade que foi em circunstâncias extremas, após o 11 de setembro, e na época eu não conseguia ver uma maneira de fazer aquele trabalho particular de CEO a longo prazo de uma forma que eu sentia que poderia viver com ele. Eu *acho* e espero que eu possa tomar uma decisão diferente agora.

Pelo menos me ajudou a entender como ser CEO pode ser um trabalho difícil e implacável, assim, é possível usar isso para ajudar os outros. Ser presidente tem sido ótimo, embora valha a pena lembrar que não é mais seu trabalho dirigir o negócio e, mesmo que você contrate um excelente CEO, você pode se encontrar mordendo a língua, pensando: "eu não faria isso". Como presidente, você pode influenciar, persuadir, desafiar e às vezes demitir o CEO se necessário, mas no final, você tem que se calar de vez em quando e deixá-lo continuar a fazer seu trabalho. Isso pode ser um pouco frustrante.

Há um exemplo bastante diferente de alguém que costumava trabalhar comigo. Estou incrivelmente orgulhosa do que ela fez, e ela acabou se tornando CEO de um grande grupo. Mas, quando ela se juntou originalmente a esse grupo como chefe de departamento, me confidenciou que a empresa tinha uma cultura machista irritante e alienadora. E embora eles parecessem avaliá-la muito bem e ela sentisse que a empresa tinha potencial, ela também se sentia dominada e estava pensando em seguir em frente. Infelizmente, não posso levar muito crédito pelo que aconteceu em seguida, talvez porque eu secretamente quisesse que ela voltasse a trabalhar comigo.

Tendo conseguido algum treinamento profissional decente (do tipo "por que você *não* pode fazer isso/pergunte isso"), sua revelação pessoal foi que, se ela não gostasse de algo, tinha duas escolhas: ela podia fugir para outra empresa em um papel sênior semelhante, mas ainda sem estar "no comando", e correr o risco de que a grama não fosse mais verde; ou, ela poderia se posicionar onde pudesse *ficar* no comando. Na verdade, sua empresa estava procurando contratar um novo diretor-executivo, mas eu percebi que não a tinham considerado para o cargo porque ela era especialista em estratégia e, como mulher, estava "provavelmente mais feliz na função de suporte". Uso aspas aqui por causa do número de vezes que testemunhei homens discutindo a sucessão da alta administração e não vendo o potencial de talentos femininos diante de seus narizes porque elas não pareciam e não soavam como o usual.

Com um pouco de apoio e roteiro de sua coach, essa mulher fabulosa olhou fixamente para os proprietários da empresa e disse que queria fazer a função de diretora-executiva, que, se ela saísse, havia obviamente um perigo de que os clientes se afastassem do negócio... e que tudo o que ela precisava para fazer o trabalho era de apoio e confiança. Ela conseguiu e até mesmo obteve sucesso ao negociar um pacote de benefícios decente com ajuda de sua coach. Ela agora dirige um grande grupo de empresas, tem promovido muitas mulheres a cargos seniores e tem alguns dos mais altos níveis de satisfação dos funcionários no setor. Ela teve alguns filhos ao longo do caminho e acabou de dizer aos acionistas como estaria organizando sua semana de trabalho para levar isso em consideração.

Esse é o poder de estar no comando.

Foi uma vantagem ela ter influência no relacionamento com o cliente, além de ter mostrado alguma capacidade de gestão comercial e geral em sua função anterior. Você não pode simplesmente dizer que gostaria do cargo de diretor-executivo se não consegue montar um caso comercial decente para a oportunidade.

É tentador irromper simbolicamente com algumas citações como "seja a mudança que você quer ver no mundo" e tirar uma página do livro de canções da Beyoncé sobre meninas mandando no mundo em um biquíni de couro militar.

Exceto que nós não fazemos isso.

Mandar no mundo.

Há muitas canções pop fantasiosas, e há a vida real.

É fácil ficar deprimida com um mundo em que algumas pessoas desagradáveis e gananciosas dão má fama às economias de mercado, em que os valentões grandes e pequenos parecem "vencer", e no qual as pessoas temem a diferença e procuram se manter separadas.

Mas é também um mundo onde muitos querem que as coisas sejam melhores, que o mundo seja mais humano (e que também cuida de coisas que não são humanas, mas importantes para o mundo), onde as pessoas vivem e trabalham juntas para fins positivos e os caras maus são convertidos ou desaparecem. Um pouco como o filme *Meu Namorado é um Zumbi*, de fato.

A verdade sobre cães e gatos

Em 1993, o ex-apresentador de notícias da BBC sir Martyn Lewis supostamente afirmou que a televisão deveria apresentar mais "notícias boas". Isso estava além das histórias contadas em tom de humor ao final das transmissões de notícias, nas quais você pode ouvir e sentir os apresentadores mudando de marcha, passando de fome/pessoas em perigo/escândalos financeiros/acidentes para um tom mais leve de "diversão". Na época, Lewis foi eviscerado pelo "sofisticado" comentarista por supostamente dizer algo tão crasso a ponto de querer falar sobre qualquer outra coisa que não seja a miséria humana e planetária.

Como um adendo, pouco antes disso, ele havia publicado um livro fofo e engraçado sobre *Cats in the News* [gatos no noticiário, em tradução livre] (seguido um ano depois por *Dogs in the News* [cachorros no noticiário, em tradução livre]).

Mais uma vez, muita zombaria e desdém entre os "sérios" jornalistas sobre a relevância de cães e gatos.

Agora, 25 anos depois, como um pouco de "vingança do cara legal", quais são os fenômenos de vídeo mais populares e vistos na internet? Jack Shepherd, do BuzzFeed, descreveu recentemente a internet como um "parque virtual de gatos", em uma época em que havia mais de dois milhões de vídeos de gatos no YouTube, com uma média de 12 mil visualizações cada um. Apenas em 2015, uma exposição chamada "Como os gatos se apoderaram da internet" foi inaugurada no Museu da Imagem em Movimento em Nova York. Aparentemente é a vez dos cães.

Podemos ter alcançado e passado o "pico de popularidade dos gatos", mas talvez isso seja um indicativo de algo sobre as pessoas boas serem capazes de ver coisas sobre o mundo que outras não podem ou não querem ver. Acho que isso pode ser um bom presságio para a salvação da espécie humana em algum momento.

Nivelando o jogo

Uma das muitas questões em torno de ter os chamados "homens fortes" no comando de tantos países é que, por mais desaprovação que as pessoas expressem sobre o comportamento agressivo, há uma suspeita furtiva de que, se você quiser seguir seu próprio caminho neste mundo, é assim que você o conseguirá. As pessoas podem se sentir secretamente felizes por terem o valentão da escola do seu lado em um mundo difícil.

Em seu icônico livro de 1989, *O Jogo da Mentira*, Michael Lewis cunhou o termo "big swinging dicks" [grandes babacas, em tradução livre], usado para descrever aqueles (homens) que se tornaram os mais venerados no mundo das finanças no final dos anos 1980. Estou certa de que todos aqueles líderes, que ainda veem esse "elogio" como um modelo a ser seguido, se sentirão muito satisfeitos por terem "vencido" enquanto permanecem em seu bunker pós-nuclear. Eles criarão um mundo cego, se não tivermos cuidado. Há, é claro, uma outra maneira.

Precisamos de um antídoto igualmente poderoso. Adam Grant, professor de psicologia da Wharton, escreve em seu livro *Dar e receber* sobre como "doadores" são mais bem-sucedidos no local de trabalho.[4]

Você não precisa ser horrível e deixar as pessoas assustadas e infelizes para ter sucesso. É irônico que o mundo tenha se tornado ultraconsciente do *bullying* e do assédio em certos setores e com alguns líderes organizacionais sendo perseguidos ou tendo que se demitir quando expostos. Porém, aparentemente, não com alguns líderes políticos. Em um nível menor, basta olhar para a Câmara dos Comuns do Reino Unido. Enquanto dizemos a nossos filhos para serem educados, atenciosos e não gritarem com os outros, uma olhada nas Questões ao Primeiro Ministro lhes dirá que, na verdade, agir como em um cercadinho zangado quando se supõe que sejam adultos responsáveis é aceitável.

Se você for capaz de fazer isso, por favor, dirija um negócio. Chegue ao topo e faça-o de maneira diferente.

Quer queiramos ou não, os negócios mandam no mundo, portanto, se quisermos mudar o mundo, precisamos mudar os negócios e como eles são geridos. E por quem.

O que fazemos com tudo isso?

Há apenas uma pequena questão de como.

Portanto, aqui estamos, nos sentindo como impostores ou não. Tentei apresentar tantos exemplos e lembranças honestas neste livro quanto me lembro ou que posso suportar compartilhar. Pode haver algumas coisas enterradas no fundo que se recusam a mostrar sua face novamente.

Tentei argumentar que o mundo precisa de um disco rígido agradável e aplicado, se quisermos todos viver e trabalhar em um lugar que gostaríamos ou, francamente, apenas viver em um mundo que não tenha sido explodido em pedacinhos. Na virada deste século, eu me lembro de ter lido previsões animadoras de Lord Rees, na época o Astrônomo Real, de que ele colocava as chances de a humanidade sobreviver até o final do século em apenas 50/50.[5] Além de potenciais desastres naturais, isso considerava a possibilidade de muitos idiotas serem capazes de apertar o botão de destruição.

Sua marca pessoal pode salvar o mundo

Vou roubar mais pensamentos de marca do setor comercial, que possam ser aplicados de forma útil à sua marca pessoal, para estimular como você pode dominar o mundo. E antes que alguém afirme que branding não tem nada a ver com o que estamos falando, quer as pessoas gostem ou não, as marcas têm o poder de mudar o mundo – social, emocional e economicamente. Marcas como Apple, Coca-Cola, ou mesmo WWF, têm o poder de cruzar fronteiras e conectar as pessoas de uma forma que os governos nunca puderam. Além disso, quando qualquer marca se comporta mal, ou se torna preguiçosa e gananciosa, todos nós temos o poder de excluí-las de nossas compras num piscar de olhos. Muito mais do que se pode dizer dos governos.

Essas marcas de sucesso também geram valor e influência confiáveis de longo prazo – se elas cumprirem suas promessas. Portanto, aplicar o pensamento de marca a si mesmo pode ser uma das melhores maneiras de garantir que você obtenha a maior influência e seja tão valorizado quanto merece, a longo prazo.

Para retomar algumas coisas que surgiram ao longo do livro, há três características que tendem a fazer com que as marcas tenham sucesso em qualquer esfera, comercial ou sem fins lucrativos/caridade. E, de fato, para o branding pessoal. E estas são: *clareza*, *coerência* e *liderança*. Isso sempre soa tão simples e fácil, mas como sabemos, a simplicidade pode, ironicamente, ser um pouco complicada de ser alcançada.

Tente aplicar esses princípios à marca pessoal para obter o máximo efeito.

Clareza

Você não precisa ter clareza sobre o fato de querer ser presidente dos Estados Unidos da América ou CEO da Goldman Sachs aos seis anos de idade, mas você precisa ter clareza sobre o que o motiva, o que é importante para você e o que o faz mais feliz. Às vezes, em sua vida, você pode ser impulsionado pela necessidade de sobreviver, pela necessidade de provar a si mesmo a alguém ou algo, às vezes para prover uma boa vida para você e para a família e, é claro, às vezes porque você pode ver uma maneira de salvar o mundo e toda a humanidade.

COACH PARA A VIDA

Quando digo às pessoas que tenho recebido coaching a cada poucos anos pelo menos nos últimos vinte anos, elas podem olhar para mim de forma curiosa e ocasionalmente piedosa (algo como "certamente você já deve ter se recomposto", "por que você não pode continuar sozinha?"). Engraçado como as pessoas não dizem essas coisas a atletas, os quais pensam que é normal obter treinamento ao longo de suas carreiras.

Você pode ser muito bom no que faz, e eu realmente gosto de oferecer coaching e mentoria a outras pessoas, mas é muito difícil ser coach de si mesmo. É sempre uma boa ideia ter uma pessoa a mais para observar seu desempenho e, figurativamente falando, dar-lhe umas palmadas se necessário. E se eles forem bons, serão capazes de ajudá-lo a articular e deixar claro o que você quer e como conseguir isso — pelo menos em certas fases da sua vida.

Estive envolvida em um enorme estudo no final dos anos 1980 sobre o fenômeno "Yuppie". Se você não sabe sobre isso, Yuppies eram "jovens profissionais em ascensão" — veja os filmes *Wall Street: Poder e Cobiça* e *Uma Secretária do Futuro* para obter algumas ilustrações da época. Essa foi uma era de grandes ombreiras, suspensórios vermelhos e bocas barulhentas, mas também foi uma época em que houve um novo e explosivo surgimento de mobilidade social e oportunidades no Ocidente, desencadeado por maiores oportunidades educacionais pós-Guerra Mundial e enorme criação de empregos de colarinho branco. Esse estudo Yuppie pesquisou pessoas na faixa dos vinte anos para compreender suas motivações e aspirações. A frase inicial do relatório foi "Os Yuppies são movidos pelo medo do fracasso". Bem, pelo menos isso explica claramente por que houve tanta superação ostensiva — expressada em ostentação de dinheiro, roupas, apartamentos, carros, empregos etc., pois as pessoas estavam desesperadas para mostrar que não tinham fracassado... Ah não, elas foram *tão* bem-sucedidas. A motivação clara estava lá, mas não particularmente voltada para um bem maior.

Uma colega de trabalho me explicou uma vez porque ela nunca havia se envolvido com uma startup. Ela sentia uma enorme responsabilidade de cuidar e pagar por todos os outros membros de sua família, incluindo seus pais e irmãos. Ela tinha sido de longe a mais bem-sucedida nos negócios e financeiramente e não queria colocar nada em risco. Assim, ela aceitou que poderia estar perdendo alguma excitação empreendedora e um grande ganho de capital em algum momento no futuro, mas ficou claro que ela precisava continuar a ter sucesso em um negócio padrão de confiança, com um pagamento regular e substancial. As habilidades que ela aprendeu e como ela se apresentou refletiram essa clareza de necessidade, embora ela fosse, por natureza, um pouco peculiar para o *mainstream*. Ela se dizia "empreendedora" e falava de forma assertiva e extrovertida, com trajes condizentes. Mas sua mente empresarial era tão aguçada, assim como sua humanidade e seu humor. No geral, ela tinha clareza sobre o que precisava e se destacava num mar cinzento corporativo.

Atualmente, há um interesse muito maior entre organizações e indivíduos na importância de ter um propósito claro por trás de seu negócio e de sua marca. De fato, é fácil encontrar livros e artigos de desenvolvimento comercial e pessoal sobre esse assunto. Até mesmo Justin Bieber chamou seu álbum e sua turnê mundial de 2015 de *Purpose* [Propósito, em tradução livre].

No que me diz respeito, minha gama de propósitos vai de salvar o mundo (quando desenvolvi aquela paixão por David Attenborough aos sete anos de idade) a conseguir dinheiro e status suficientes para me sentir vagamente no controle de minha, vida, a me manter acordada/consciente/funcionando quando meus filhos eram pequenos a tentar ser uma líder decente, depois uma especialista em alguma coisa, e agora parece que estou de volta para o futuro ao querer salvar o mundo.

Precisamos de mais marcas — e pessoas — "salvadoras" para nos reunirmos com a intenção de resolver os urgentes desafios ambientais e sociais. E, idealmente, deixar o mundo em melhor forma como resultado de sua atividade, em vez de apenas tentar minimizar o impacto. Como diz o velho ditado: "Viver é poluir." As empresas precisam fazer mais para curar e melhorar além das fronteiras e, muitas vezes, estão em uma posição melhor que os governos, que lutam para coordenar acordos políticos além das fronteiras nacionais.

Essa recarga de propósito me faz lembrar os *Quatro Quartetos*, de T. S. Eliot, quando ele fala sobre como é a exploração do fim de nossa vida quando você chega ao ponto de partida e realmente conhece o lugar pela primeira vez. E soa muito melhor do que dar voltas e voltas pelas casas.

De qualquer forma, se você não tiver algum senso de clareza, é provável que qualquer outra coisa que você faça seja menos eficaz. E clareza em teoria é uma coisa; fazê-la aparecer de forma coerente na realidade é outra.

Coerência

Uma vez que você saiba (mesmo vagamente) o que é importante para você, e do que se trata, certifique-se de que isso apareça em seu comportamento, nas habilidades adquiridas, na apresentação pessoal e em todas as coisas até onde você possa administrá-las.

Se você quer estar na sala da diretoria, influenciar os acionistas ou ter os fundos para fazer bons investimentos, você precisa ser capaz de falar de finanças. Não posso enfatizar isso o suficiente, e nos capítulos quatro e cinco espero ter defendido o conhecimento financeiro. Pratique muito para que você se torne fluente. Se você não conseguir fazer um curso, você pode até ter amigos que sejam contadores. Eu sei que tenho, e não me aflijo quanto a quem sabe disso. A propósito, peço desculpas por essa piada barata e clichê sobre contadores. Eu culpo o clássico grupo de comédia britânica

Monty Python. Se você tem menos de uma certa idade, pesquise sobre eles. Como já deve saber, na verdade, eu secretamente gostaria de ter conseguido as qualificações contábeis. Compre alguns drinques para seu amigo contador e faça com que ele lhe fale sobre o básico, algumas vezes, e sobre exemplos práticos como o Relatório Anual de Contas da empresa. Se não é seu habitat natural, trate isso como uma extensão em vez de um objetivo de conforto e pratique um pouco mais. Pratique dizendo isso de forma autoritária. Não esqueça que muitas outras pessoas estão inventando e fazendo julgamentos também.

Da mesma forma, se você quiser liderar um negócio criativo, por exemplo (embora ainda compreendendo o que gera dinheiro ou paga pelos empregos das pessoas, para que você possa se sentir vagamente no controle), você precisa simbolizar sua paixão pelo produto criativo, pelas pessoas e pelo desempenho — e, é claro, pode ser bastante útil olhar a parte. Entenda o que está acontecendo na cena criativa relevante, olhe como se você estivesse "nela" de uma perspectiva de estilo. Talvez canalize sua Vivienne Westwood interior, se é disso que você gosta. Decida deliberadamente se deve adotar ou rejeitar totalmente os símbolos da era digital, de acordo com seu ajuste à sua marca pessoal. Por exemplo, a Burberry conseguiu combinar artesanato tradicional e inovação digital. A Paperless Post fez o mesmo. A Moleskine é definitivamente sobre belos cadernos físicos, embora com um ou dois gestos digitais.

Como um exemplo de como não ser coerente, eu costumava trabalhar com um colega que dirigia um negócio de varejo de tecnologia. A empresa vendia todos os dispositivos mais recentes e eletrônicos de consumo. No entanto, ele não usava quase nenhum deles. Embora ele falasse sobre como a nova tecnologia era interessante em teoria, seu pessoal percebeu que ele não tinha nenhuma experiência ou interesse pessoal, e o resto do negócio parecia ironicamente (e peculiarmente) antiquado, com papéis e arquivos físicos espalhados pelos escritórios e letreiros de papelão nas lojas. Ele até usava um velho telefone de carro com fio quando o resto do mundo havia migrado para smartphones há muito tempo. Poderia ter parecido pós-irônico, pitoresco e retrô para alguns, mas para outros isso apenas dizia "dinossauro".

Se você quer liderar uma empresa e a diretoria, pense em todos os aspectos de suas habilidades (experiência em governança corporativa? Competência geral de gestão?) e também na energia que você está transmitindo na forma como fala e se apresenta. Reflita o que vai tranquilizar e interessar as pessoas.

Embora às vezes impopular, Margaret Thatcher foi um belo exemplo de clareza e coerência na ação da marca pessoal, quer as pessoas gostassem ou não do que ela fazia por ela e pelo Reino Unido. Ela se propôs a ser uma líder forte e essa força ganhou vida através de sua voz deliberadamente reorientada e de tons mais baixos, trajes e bolsas fortes, cabelos rígidos e, é claro, suas políticas e comportamentos "fortes" — quase intragáveis para alguns — em campanhas como a Guerra das Malvinas. De fato, a Dama de Ferro.

Não acho que você tenha que usar seu "ferro" dentro e fora o tempo todo para ter sucesso. Se você é muito brutal e as pessoas não gostam de você pelo menos uma parte do tempo, então quando as coisas derem errado, espere que aquela fila de pessoas se alinhe para lhe dar um bom chute. Para fora, em muitos casos.

Liderança

Em qualquer negócio ou organização, obviamente importa quem dirige o show e como eles simbolizam os melhores valores desse negócio e de sua marca. Isso significa garantir que o CEO se importa e entende o que a marca representa, e sua promessa aos clientes e aos funcionários. Tenho certeza de que não preciso mencionar Steve Jobs, e como ele simbolizou a clareza de propósito, o design humano, a eficiência e a inovação da marca Apple. Ele era muito claro, lia obsessivamente, era vívido e eficiente na forma como expressava a marca Apple. Ademais, conduzia pelo design e pela inovação, de acordo com os valores da marca — e era tão consistente que ele mesmo parecia usar o mesmo pulôver e jeans por anos. Nada de estranho para ele.

Isso contrastou com um exemplo bastante diferente de um CEO da Coca-Cola Company em 1999. Após uma crise de produtos na Europa (Bélgica, na verdade), Doug Ivester saiu de seu escritório para enfrentar a tempestade da mídia, parecendo para todo o mundo como um contador americano branco de meia-idade. Provavelmente porque ele *era* um contador americano branco de meia-idade. Eu não esperava que ele saísse da sede de skate com um boné de beisebol para trás, mas também não ajudou que ele parecesse exalar uma sensação de "engravatado corporativo". Ele não sintetizou um líder moderno para uma marca global contemporânea, muito menos lidou bem com uma crise internacional de relações públicas.[6]

Liderança em branding para empresas também é sobre agitação, renovação constante, inovação e definição do objetivo. Essas qualidades estão altamente correlacionadas com o valor a longo prazo e a influência no setor comercial.

É claro, você é líder de sua própria marca pessoal. Isso significa que você precisa ficar alerta e se manter atualizado com o mundo. Se pessoas que dizem coisas como "Ah, minha secretária imprime todos os meus e-mails" simplesmente pudessem se ver como os outros as veem... Não estou sugerindo que você não possa fazer questão de usar uma caneta de pena em pergaminho como parte de sua personalidade "peculiar" de marca, se isso for apropriado; nem que você tenha que estar em cada plataforma social conhecida pela humanidade e correr o risco de parecer que você está tentando desesperadamente estar por dentro das tendências. Você precisa, entretanto, entender como funcionam os vários canais sociais — nem que seja para falar por experiência própria sobre quão ineficazes eles são e por que você acha que eles estão condenados.

Também é importante, se você tiver mais de trinta anos ou mesmo os novos cinquenta, para compensar em excesso a síndrome do "você não entende" para uma nova geração. Embora você tenha todo o direito de desafiar os modelos de negócios, a eficácia e a ausência de uma estratégia de longo prazo em alguns "novos paradigmas" de negócios nascidos digitalmente, você precisa ter muito cuidado para que as pessoas não ouçam uma mensagem crua de que "os velhos princípios são os melhores, filhinho".

Mesmo que seja verdade.

E não fique com o hábito preguiçoso de citar apenas estudos de casos antigos que definem o jogo. Eu ainda me julgo por ter citado um exemplo de minha marca anterior à British Airways e de meus dias de publicidade. Eu estava usando o exemplo de como a BA mudou sua identidade visual em 1997 para diversos designs "globais" nas caudas de avião, e depois os mudou de volta porque alguns leitores do *Daily Telegraph* não gostavam deles (e Margaret Thatcher também os odiava). Para que conste, eu os amava e sentia que simbolizavam uma Grã-Bretanha global e de mente aberta. Engraçado como essas coisas são... Quando mencionei essa controversa batalha de relações públicas em uma conferência de nível misto e com participantes de várias idades, pelo menos cinquenta por cento da audiência tinha o olhar confuso que me dizia que não fazia ideia do que eu estava falando.

Você provavelmente não presta muita atenção aos escândalos dos jornais nacionais quando você tem cinco anos de idade.

Agora eu tento ter um equivalente mental de uma caixa de xingamentos para quando estou usando exemplos e histórias mais antigas.

Minha regra geral é que para cada exemplo antigo, eu tento usar dois exemplos novos e contemporâneos. É uma boa disciplina para forçar você a rever e pensar em coisas novas de qualquer maneira.

Essa é também uma parte importante para se manter constantemente atualizado de outras maneiras. Habilidades, conhecimento, fazer coisas novas. Desde compreender novas normas de governança corporativa e contabilidade global (fascinante, honestamente), até visitar novos mercados em crescimento na Ásia e na África, e fazer cursos sobre programação.

Se você é mais jovem, "liderar" significa continuar a aumentar seus conhecimentos sobre diferentes negócios, assuntos políticos e atuais que podem afetar particularmente você e sua organização. Conquistar qualquer medo de falar em público (ou tornar-se bom em escondê-lo). Você precisa manter o máximo de si mesmo na "zona de extensão" em oposição à "zona de conforto" do desenvolvimento pessoal, durante o máximo de tempo que puder suportar. Mas tenha cuidado para não se aventurar demasiadas vezes na zona de "não ir" e aterrorizar-se em um retrocesso.

Tal fator me leva ao assunto sobre a renovação regular da forma como você se apresenta. E sim, isso pode envolver uma nova visão do cabelo, maquiagem e roupas em uma base regular. Além do bem documentado impacto psicológico positivo que essas coisas podem ter em você pessoalmente, isso ajuda a sinalizar divisas e cuidados àqueles que você possa estar procurando influenciar.

Por favor, não leia nisso que as mulheres precisam usar ternos escuros, cabelos rigidamente escovados e bolsas estruturadas. Absolutamente não (eu mesma não consegui cumprir todos esses itens). Mas é uma boa ideia aparentar como se você tivesse seu ato (ou pelo menos parte dele) em ordem – para si mesmo e para os outros.

Isso não é apenas uma coisa "suave" feminina. Sir Clive Woodward, o muito admirado treinador da equipe masculina de rúgbi da Inglaterra, quando estava em seu melhor momento de sucesso, acreditava muito firmemente que, se eles queriam ser uma equipe de classe mundial, eles precisavam parecer "de classe mundial". Isso significava um uniforme elegante e de última geração, tecnologia de treinamento e vestiários adequados para os campeões. Tudo isso lhes deu confiança e os ajudou a acreditar que eram os melhores.

Às vezes me preocupo ociosamente se meu cabelo e minha maquiagem pararam no tempo. Mas, de verdade, às vezes é preciso priorizar o que se pode fazer física e mentalmente em 24 horas por dia, sete dias por semana sem enlouquecer. Acho mais fácil atualizar as roupas e realmente curtir a moda — embora quando surge um renascimento dos anos 1980, eu sempre jure que se eu o tiver usado da primeira vez, não o usarei novamente. Mesmo ironicamente. As pessoas podem pensar que eu estava falando sério. Assim, agora eu permanecerei alheia às ombreiras para sempre.

Uma vez tive alguém que veio até minha casa para me ajudar a arrumar meu guarda-roupa lotado, o que eu vinha adiando há anos. Essa mulher "organizada" existia bem antes de Marie Kondo se tornar famosa e era fabulosa. Tinha uma atitude de "rígida, mas justa" que era muito útil. Ela segurava todas as peças que eu tinha, perguntando coisas como "quando foi a última vez que você usou isso? Você adora isso e/ou isso faz você se sentir bem?". Se não, você deveria colocar a peça em uma das pilhas: guardar para a posteridade; customizar ou limpar para que você passe a gostar da peça; vender ou doar para a caridade. Em seguida, ela colocou todas as minhas roupas restantes de volta em meu guarda-roupa, organizadas por cores. Isso é purificador e gratificante, e faz com que ir trabalhar no dia seguinte pareça como ter um estojo novo e organizado como nos tempos de escola. Portanto, acompanhe o que está acontecendo e em qualquer etapa.

E no final...

Acima de tudo, é bom tentar liderar a si mesmo e os outros de uma maneira que seja adequada a um ser humano competente, confiante e determinado.

Sim, com todas as emoções, inseguranças e erros confusos que nós humanos cometemos.

Porque é isso que nos define como humanos, o que pode levar a uma maior empatia e uma maior e mais positiva motivação — e todos nós precisamos das melhores versões disso no topo do mundo. Em todos os outros lugares, na verdade.

Então, aí está.

Esperemos que, fazendo a nossa parte, possamos tirar o máximo proveito de nós mesmos.

Esperemos que, como seres humanos com coração aquecido, comprometidos, que dirigem organizações mais calorosas e humanas, ajudemos a fazer o mundo funcionar melhor para todos.

Talvez nos sentindo um pouco nus às vezes, talvez nunca nos sentindo totalmente preparados.

Só você, todos nós e nossos amigáveis impostores.

Epílogo

De volta à vida real...

Eu subo algumas escadas ao som de música pulsante. Estou vestida, mas a música não é a única coisa que está batendo. Meu coração está prestes a estourar no meu peito.

Espero atrás de uma tela enquanto ouço o som inconfundível de Crazy in Love *de Beyoncé, acompanhado pelo som igualmente inconfundível de muita gente falando e rindo. Minha nossa...*

Me junto a um grupo de jovens mulheres em forma em regatas brancas e shorts jeans do vídeo original da Beyoncé, que me "recolhem" do esconderijo. Com medo, eu pelo menos me sinto aliviada por ter decidido ir de calça comprida, jaqueta e boné puxado para baixo – o visual alternativo de Bey, menos o chiclete.

Ainda assim, esta foi uma ideia TÃO louca.

Eu fui para a pista de dança com a trupe de garotas lindas, tentando fazer a minha melhor imitação dos passos gingados de Beyoncé, e todos estão olhando fixamente, provavelmente em choque total. Muitas das pessoas que amo, que amei e conheci bem em minha vida, estão com seus queixos caídos. Os olhos das minhas filhas praticamente saltaram para fora. Eu quase tropeço em remorso.

E então, graças a Deus, um rugido de reconhecimento e alguns gritos encorajadores.

Eu olho em volta.

Só eu, minha família e meus amigos.

E Beyoncé.

E eu não estou sonhando...

OK, então eu estava com o abdômen exposto, mas ter tido uma gripe (real) na semana anterior foi bastante útil para perder aqueles últimos quilos (e um amigo gentilmente me tirou uma foto lisonjeira que na luz da boate me fez parecer como se eu tivesse quase uma barriga tanquinho de sessenta anos de idade).

Era minha festa, e eu chorava e dançava como eu queria.

Roubei a ideia de fazer "algo" de um amigo americano que tocou em uma banda e fez serenata para sua esposa, que sofria há tanto tempo, em sua festa de aniversário.

Eu tinha até me preparado. Algumas sessões com o muito simpático coreógrafo da companhia "Hire a Dancer" e tcharam! Fui capaz de fazer alguns movimentos que se assemelhavam muito aos do clipe de Bey (nos meus sonhos).

Mais do que isso, em preparação ao grande evento (ou seja, meu grande aniversário), eu me juntei a uma aula de dança on-line nos EUA para ficar em forma e lembrar meu corpo (se não minha mente) de que eu queria ser dançarina no início da minha vida, que eu amava fazer isso e que eu realmente sentia falta enquanto a vida/trabalho/família/desleixo em geral tinha intervindo. Fazer algo que o faça feliz e o renove de alguma forma diferente também é, sim, bom para manter sua marca pessoal em movimento.

Por coincidência, o fabuloso fundador daquela aula de dança on-line (www.shinedancefitness.com) enviou uma mensagem alguns meses depois, dizendo que agora era possível treinar e me qualificar como instrutora de dança da SH!NE on-line.

Então, bem, eu fiz exatamente isso no início de 2019. Estava ridiculamente empolgada para obter meu certificado.

Curiosamente, minha mãe sempre quis que eu tivesse uma escola de dança. Não importava o que meu pai pensava, não importava minhas realizações acadêmicas e de trabalho, ela sempre continuava pensando que eu deveria ter uma escola de dança em algum momento. Engraçado como funciona o círculo da vida.

Veremos se consigo fazer alguma coisa com esse pensamento antes de embaralhar esta bobina mortal.

Enquanto isso, tenha uma vida fabulosa, e espero que possamos todos dançar, cantar, amar e dirigir companhias juntas em algum momento. E, espero, salvar o mundo também.

Fim

Agradecimentos

Como este livro é uma coleção de vários anos de experiências de vida e trabalho, é bastante difícil montar uma lista gerenciável de todas as pessoas que contribuíram, conscientemente ou não, para tudo o que fui capaz de fazer – e tudo sobre o que escrevi no livro. Estou sinceramente agradecida por todo o apoio, conselhos, desafios e a variedade de emoções e experiências práticas que me foram concedidas.

No que diz respeito ao livro atual, sou incrivelmente grata à inigualável Caroline Michel de Peters Fraser + Dunlop por seu encorajamento e conselhos em um livro muito mais pessoal para eu escrever. Além disso, à maravilhosa e atenciosa Elen Lewis, por domar meu rascunho original (e um pouco mais profano) e acrescentar grandes referências e pesquisas. Na Kogan Page, tem sido ótimo lidar com Helen Kogan e sua equipe, e Chris Cudmore tem sido um diretor editorial exemplar – uma combinação de perspicácia, prática, tato e clareza no que ele achava que precisava ser feito para que o livro ganhasse forma. Ele gentil, mas firmemente, sugeriu que algumas das linguagens mais, digamos, "informais" e confessionais (leia-se palavras grosseiras e semelhantes) provavelmente deveriam ser deixadas para conversas particulares. Talvez um dia eu possa fazer uma Versão da Diretora para um pouco de exorcismo... Agora, sério, muitos agradecimentos à equipe editorial.

Há tantas pessoas a reconhecer, vivas e mortas há muito tempo, que implantaram sementes em mim e foram modelos – quer elas estivessem conscientes de fazê-lo ou não. Por exemplo, a sra. Legge em minha escola de ensino fundamental, que viu algum potencial acadêmico precoce e me encorajou a ajudar outros meninos e meninas; a temível, mas gentil sra. Powell, subdiretora da Wycombe High School, que me acolheu sob sua asa acadêmica depois que meu pai morreu e me fez sentir que eu poderia entrar em Cambridge (mesmo que eu não fosse um material clássico). Minha extravagante e glamorosa professora de dança, Jeannine Greville, que foi ambiciosa em nos levar ao palco e à tela e me fez professora de dança estudantil. A indomável Joyce Reynolds, que foi minha diretora de estudos em Cambridge e me enviou aqueles apontamentos pontiagudos, mas úteis, manuscritos ao longo dos anos.

Depois, uma enxurrada de pessoas: Ann Murray da DMB&B, que me ensinou a trabalhar; Jennifer Laing, da Saatchi & Saatchi, que me petrificou na época; a falecida e grande Patricia Mann, da JWT, que foi uma pioneira na diretoria; os planejadores com quem aprendi tanto; Marilyn Baxter, que foi uma das minhas mais fortes influências e apoiadoras profissionais – mente incrível, senso de humor e força de caráter; os rapazes da Saatchi (que saberão quem são, e que tornaram o trabalho divertido, além de intenso e ambicioso); a *headhunter* Isabel Bird, que acreditava que eu poderia ser uma chefe executiva mesmo quando eu não acreditava; meus ex-colegas da Interbrand, onde eu realmente pude entender como a marca poderia ser poderosa, e a fabulosa equipe da BrandCap (que em breve será renomeada), que continua a me inspirar; a incrível Wendy Gordon, guru da pesquisa, que me ensinou a entender como as pessoas realmente pensam e se comportam. Agradeço à dama Helen Alexander, que sempre teve tempo para outras executivas, e que morreu tragicamente jovem; todas as incríveis mulheres da WACL, que são tão genuinamente solidárias; a coach e executiva Catherine Baxendale, que (gentilmente) deu forma à minha vida profissional para dar tempo ao livro; os amigos e colegas que leram os primeiros rascunhos do livro e me deram feedback e sugestões honestas; Patty Dimond, que ajudou a garantir que as partes financeiras estivessem à altura, e Paul Harrison por seus conselhos; Marksteen Adamson e a equipe ASHA, que foram generosos e brilhantes em me ajudar com minha marca em geral; Lorraine Ellison, Membro da Ordem do Império Britânico, que tem sido implacavelmente otimista e alegre em me gerenciar; a super-humana (e muito humana) Debbie Klein, que tenho orgulho de contar como amiga; Lucy Aitkens da Sky, por toda sua ajuda e perseverança. E, é claro, a minha impostora.

Mas, acima de tudo, a minha família, que faz com que eu me sinta amada e apoiada. Eles realmente me ajudaram a ser a melhor versão de mim mesma, com falhas e tudo mais.

Notas

Prólogo

1. Cocozza, P. Night terrors: What do anxiety dreams mean? 2018. Disponível em: www.theguardian.com/lifeandstyle/2018/oct/03/night-terrors-what-do-anxiety-dreams-mean. (arquivado em: https://perma.cc/CXZ9-RLJG).
2. Cocozza, P. Night terrors: What do anxiety dreams mean? 2018. Disponível em: www.theguardian.com/lifeandstyle/2018/oct/03/night-terrors-what-do-anxiety-dreams-mean. (arquivado em: https://perma.cc/2GBB-C3E8).

Introdução

1. Corkindale, G. Overcoming imposter syndrome. *Harvard Business Review*, 7 maio 2008. Disponível em: hbr.org/2008/05/overcoming-imposter-syndrome. (arquivado em: https://perma.cc/TGY5-KHE9).
2. Sakulku, J. The Impostor Phenomenon. *International Journal of Behavioral Science*, set. 2011. Disponível em: www.tci-thaijo.org/

index.php/IJBS/article/view/521. (arquivado em: https://perma.cc/XKC6-DL45).

3. BBC World News. Women won't have equality for 100 years – World Economic Forum. 2 nov. 2017. Disponível em: www.bbc.co.uk/news/world-41844875. (arquivado em: https://perma.cc/VQ7E-BE8Z).

4. Zillman, C. The Fortune 500 has more female CEOs than ever before. *Fortune*, 16 maio 2019. Disponível em: fortune.com/2019/05/16/fortune-500-female-ceos/.

5. Higginbottom, K. Two-thirds of Women in UK suffer from imposter syndrome at work. *Forbes*, 29 jul. 2018. Disponível em: https://www.forbes.com/sites/karenhigginbottom/2018/07/29/two-thirds-of-women-in-uk-suffer-from-imposter-syndrome-at-work/#2de4256e6ccf. (arquivado em: https://perma.cc/HE8T-BR26).

6. Dalton, P. S.; Ghosal, S. Self-confidence, overconfidence and prenatal testosterone exposure: Evidence from the lab. *Frontiers in Behavioral Neuroscience*, 30 jan. 2018. Disponível em: www.ncbi.nlm.nih.gov/pmc/articles/PMC5797613/. (arquivado em: https://perma.cc/G99G-E8PY).

7. Edelman Intelligence. Edelman Trust Barometer Survey 2019. Disponível em: www.edelman.com/sites/g/files/aatuss191/files/2019-01/2019_Edelman_Trust_Barometer_Executive_Summary.pdf. (arquivado em: https://perma.cc/4P4P-8EAR).

8. World Inequality Lab. *Trends in World Income Inequality*. The World Inequality Lab, 2018. Disponível em: wir2018.wid.world/part-2.html. (arquivado em: https://perma.cc/3F9B-Y78B).

9. Anderson, S.; Pizzigati, S. No CEO should earn 1,000 times more than a regular employee. *The Guardian*, 18 mar. 2018. Disponível em: www.theguardian.com/business/2018/mar/18/america-ceo-worker-pay-gap-new-data-what-can-we-do.

10. Hill, A.; Giles, C. Informed global elite places greater faith in institutions than majority. *Financial Times*, 17 jan. 2016. Disponível em: https://www.ft.com/content/8f9ea1e2-bba5-11e5-bf7e-8a339b6f2164. (arquivado em: https://perma.cc/T33R-REUG).

11. Windows 95 Launch. Disponível em: www.youtube.com/watch?v=lAkuJXGldrM. (arquivado em: https://perma.cc/EXC8-822M).

12. Existe um vasto conjunto de pesquisas sobre os benefícios da diversidade e inclusão no local de trabalho. A Catalyst coletou algumas descobertas importantes em seu relatório de 2018 *Why diversity and inclusion matter.* Disponível em: www.catalyst.org/research/why-diversity-and-inclusion-matter/. (arquivado em: https://perma.cc/QA32-ADV9).

13. Hunt, V.; Prince, S.; Dixon-Fryle, S.; Yee, L. Delivering through diversity. McKinsey & Company, 2018. Os autores mediram a lucratividade pela média da margem EBIT. Disponível em: www.mckinsey.com/business-functions/organization/our-insights/delivering-through-diversity. (arquivado em: https://perma.cc/BP88-EJ3Q).

14. Leon, G. R. Men and Women in Space. Aviation, Space and Environmental Medicine, v. 76, n. 6, p. B84–88, 2005, Credit Suisse Research Study on gender diversity and corporate performance. Disponível em: www.ncbi.nlm.nih.gov/pubmed/15943200. (arquivado em: https://perma.cc/W8RC-HKZE).

Capítulo 1

1. Por exemplo, *Strong Fathers, Strong Daughters: 10 secrets every father should know* é um livro para pais, de 2007, escrito pela pediatra dra. Meg Meeker.

2. Gladwell, M. *Davi e Golias: A Arte de Enfrentar Gigantes*. Rio de Janeiro: Sextante, 2014.
3. The Guardian. University gender gap at record high as 30,000 more women accepted. Press Association, 28 ago. 2017. Disponível em: www.theguardian.com/education/2017/aug/28/university-gender-gap-at-record-high-as-30000-more-women-accepted.

Capítulo 2

1. Gray, C. Stephen King. Obituary, 2006. Disponível em: www.theguardian.com/news/2006/mar/20/obituaries.readersobituaries. (arquivado em: https://perma.cc/A467-MM3H).
2. Spillane, M. *Branding Yourself: How to look, sound and behave your way to success*. Pan Macmillan, 2000.
3. Sakulku, J.; Alexander, J. The Impostor Phenomenon. *International Journal of Behavioral Science*, Behavioral Science Research Institute, v. 6, n. 1, p. 75–97, 2011.

Capítulo 3

1. Um estudo de Yale conduzido pela LaFrance e encomendado pela Procter & Gamble descobriu que quando os sujeitos lembraram de um *bad hair day*, sua autoestima despencou. Especificamente, o *bad hair day* aumentou a insegurança social e a autocrítica e diminuiu a autoestima, prejudicando a atitude dos sujeitos em relação às realizações pessoais: www.youbeauty.com/beauty/psychology-of-hair/.
2. Gokalp, H. Psychosocial aspects of hair loss. 2017. Disponível em: www.intechopen.com/books/hair-and-scalp-disorders/psychosocial-aspects-of-hair-loss. (arquivado em: https://perma.cc/AG3E-3UCA).

3. Moss, R. Blonde Silicon Valley CEO dyes hair to be "taken seriously", women in tech say she's "not alone". *Huffington Post*, 2017. Disponível em: www.huffingtonpost.co.uk/entry/blonde-silicon-valley-ceo-dyes-hair-to-be-taken-seriously-and-women-in-tech-are-not-surprised_uk_59b7abe0e4b027c149e21e89. (arquivado em: https://perma.cc/VPN8-CKHG).

Capítulo 4

1. Shakuntala, D. *The Book of Numbers*. Nova Delhi: Orient Paperbacks, 2006.
2. Busby, E. Science degrees not appealing to girls despite rise in A-level take-up. *TES*, 2018. Disponível em: www.tes.com/news/science-degrees-not-appealing-girls-despite-rise-level-take. (arquivado em: https://perma.cc/AF6X-UW7D).
3. Stoet, G.; Geary, D. C. The gender-equality paradox in science, technology, engineering, and mathematics education. 2018. Disponível em: journals.sagepub.com/doi/10.1177/0956797617741719.
4. McKinsey & Company. The power of parity: How advancing women's equality can add $12 trillion to global growth. *McKinsey Global Institute report*, 2015.
5. Krivkovich, A.; Nadeau, M. C.; Robinson, K.; Robinson, N.; Starikova, I.; Yee, L. Women in the Workplace 2018. *McKinsey & Company*, 2018.. (arquivado em: https://perma.cc/VHJ6-G37N).
6. Stevenson, J.; Orr, E. *What makes women CEOs different?* Korn Ferry, (arquivado em: https://perma.cc/VD5Y-AEKD).
7. Zenger, J.; Folkman, J. Are women better leaders than men? *Harvard Business Review*, 2012. Disponível em: hbr.org/2012/03/a-study-in-leadership-women-do. (arquivado em: https://perma.cc/Q4X8-5PDM).

8. Noland, M.; Moran, T.; Kotschwar, B. Is gender diversity profitable? Evidence from a global survey. Peterson Institute for International Economics, 2016. Disponível em: www.piie.com/publications/working-papers/gender-diversity-profitable-evidence-global-survey. (arquivado em: https://perma.cc/CY62-VX2L).
9. Nielsen Insights. US women control the purse strings. 2013. (arquivado em: https://perma.cc/EB7E-XHLR).

Capítulo 6

1. Redfield, J. *A profecia celestina*. Rio de Janeiro: Fontanar, 2009.
2. The Landmark Forum: www.landmarkworldwide.com. (arquivado em: https://perma.cc/8TJB-WMC8).
3. Western, D. Tony Robbins net worth, *Wealthy Gorilla*, 2020. Disponível em: wealthygorilla.com/tony-robbins-net-worth. (arquivado em: https://perma.cc/MXC3-L8LH).
4. Vernon, P. Paul McKenna: "I'm at the height of my powers". *The Times*, 14 jan. 2017. Disponível em: www.thetimes.co.uk/article/paul-mckenna-im-at-the-height-of-my-powers-238wd6xlc.
5. Clifton, R.; Maughan, E. (eds.) *The Future of Brands: Twenty-five visions*. New York University Press, 2000.
6. Schein, E. H. Career Anchors On-line: www.careeranchorson-line.com/SCA/about.do?open=prod. (arquivado em: https://perma.cc/FD4G-SBG2).

Capítulo 7

1. Institute of Directors. Gerald Ratner speaking at the 1991 Institute of Directors Annual Conference. 2013. Disponível em: www.youtube.com/watch?v=Nj9BZz71yQE.

2. Mehrabian, A.: en.wikipedia.org/wiki/Albert_Mehrabian. (arquivado em: https://perma.cc/9PQ4-5GP7).
3. Thomson, H. Your voice betrays your personality in a split second. *New Scientist*, 14 mar. 2014. Disponível em: www.newscientist.com/article/dn25226-your-voice-betrays-your-personality-in-a-split-second/. (arquivado em: https://perma.cc/F5GS-664A) e Klofstad, C. A.; Nowicki, S.; Anderson, R. C. How voice pitch influences our choice of leaders. *American Scientist*, 2016. Disponível em: www.americanscientist.org/article/how-voice-pitch-influences-our-choice-of-leaders (arquivado em: https://perma.cc/CYP3-GL5Q).

Capítulo 8

1. Clifton, R.; Maughan, E. (eds.) *The Future of Brands*. New York University Press, 2000.
2. Ruello, O. Jacinda Ardern: "I'm not the first woman to work and have a baby". *Business Chicks*, 2018. Disponível em: businesschicks.com/jacinda-arden/. (arquivado em: https://perma.cc/55SB-KERJ).

Capítulo 9

1. Egon Zehner. 2018 Global Board Diversity Tracker: Who's really on board? Disponível em: www.egonzehnder.com/gbda (arquivado em: https://perma.cc/58GP-HV3H)
2. Miller, C. C.; Quealy, K.; Sanger-Katz, M. The top jobs where women are outnumbered by men named John. *The New York Times*, 2018 (pesquisa e análise não publicada da Catalyst).
3. Bureau of Labor Statistics (2019) Table 1: Employed and Experienced Unemployed Persons by Detailed Occupation, Sex, Race, and Hispanic or Latino Ethnicity, Annual Average 2018, *Current Population Survey* (data não publicada).

4. Malhotra, S. 50% Indian women drop out of the corporate employment pipeline between junior and mid-levels, *Business Today*, 5 out. 2016.
5. British Business Bank. Female start-up founders missing out on billions in funding. 2019. Disponível em: www.british-business-bank.co.uk/female-start-up-founders-missing-out-on-billions-in-funding/. (arquivado em: https://perma.cc/F9W4-PN6N).
6. Abouzahr, K. Why women-owned start-ups are a better bet. *BCG*, 2018. Disponível em: www.bcg.com/en-gb/publications/2018/whywomen-owned-startups-are-better-bet.aspx. (arquivado em: https://perma.cc/W6FA-WHM2).
7. Abouzahr, K. Why women-owned start-ups are a better bet. *BCG*, 2018. Disponível em: www.bcg.com/en-gb/publications/2018/whywomen-owned-startups-are-better-bet.aspx. (arquivado em: https://perma.cc/W6FA-WHM2).
8. Dowd, M. Lady of the Rings: Jacinda rules. *The New York Times*, 8 set. 2018. Disponível em: www.nytimes.com/2018/09/08/opinion/sunday/jacinda-ardern-new-zealand-prime-minister.html. (arquivado em: https://perma.cc/WPY6-5N94).
9. Roy, E. A. Jacinda Ardern on life as a leader, Trump and selfies in the lingerie department. *The Guardian*, 30 mar. 2018. Disponível em: www.theguardian.com/world/2018/mar/30/jacinda-ardern-on-life-as-a-leader-trump-and-selfies-in-the-lingerie-department. (arquivado em: https://perma.cc/AAS3-H9F2).
10. Strack, J.; Lopes, P.; Esteves, F.; Fernandez-Berrocal, P. Must we suffer to succeed? When anxiety boosts motivation and performance. *Journal of Individual Differences*, v. 38, n. 2, p. 113–24, 2017. Disponível em: econtent.hogrefe.com/doi/abs/10.1027/1614-0001/a000228. (arquivado em: https://perma.cc/373T-UX2H).

Capítulo 10

1. *Harvard Business Review*. The business case for purpose. 2015. (arquivado em: https://perma.cc/52NV-JDW7).
2. Towers Perrin. *Closing the engagement gap: A road map for driving superior business performance*. Towers Perrin Global Workforce Study 2007/8, 2008. (arquivado em: https://perma.cc/DG78-8RVA).
3. Singh, A.; Steafel, E.; Barnes, S.; Johnson, J. Women mean business. *Telegraph*, 31 out. 2018. Disponível em: www.telegraph.co.uk/women/business/women-mean-business-can-close-gender-pay-gap-follow-telegraphs/. (arquivado em: https://perma.cc/PS52-6G77).
4. Sweney, M. Philip Green faces £3 million legal bill as new abuse allegations published. *The Guardian*, 8 fev. 2019. Disponível em: www.theguardian.com/business/2019/feb/08/philip-green-high-court-action-against-telegraph-dropped. (arquivado em: https://perma.cc/RN26-Q7XT)

Capítulo 11

1. Mesure, S. Women head back to work with "returnships". *Financial Times*, 21 fev. 2017. Disponível em: www.ft.com/content/16ef6eb2-9a8d-11e6-8f9b-70e3cabccfae. (arquivado em: https://perma.cc/EQ9D-FGFY).
2. Castrillon, C. Why more women are turning to entrepreneurship. *Forbes*, 4 de fev. 2019. Disponível em: https://www.forbes.com/sites/carolinecastrillon/2019/02/04/why-more-women-are-turning-to-entrepreneurship/#38fe6992542a. (arquivado em: https://perma.cc/9MS2-HBFR).
3. Teare, G. In 2017, only 17% of startups have a female founder. *Techcrunch*, 2017. Disponível em: techcrunch.com/2017/04/19/

in-2017-only-17-of-startups-have-a-female-founder/. (arquivado em: https://perma.cc/H2L8-92H8).

4. Grant, A. *Dar e Receber: Uma abordagem revolucionária sobre sucesso, generosidade e influência*. Rio de Janeiro: Sextante, 2014.
5. Rees, M. *Our Final Century?* Heinemann, 2003. Disponível em: www.telegraph.co.uk/culture/3594521/Our-odds-are-50-50-Our-Final-Century-by-Martin-Rees-228pp-William-Heinemann-1799-T-1599-plus-225-pandp-0870-1557222.html.
6. Bennis, W.; O'Toole, J. Don't hire the wrong CEO. *Harvard Business Review*, 2000. Disponível em: hbr.org/2000/05/dont-hire-the-wrong-ceo. (arquivado em: https://perma.cc/3263-ED9M).

Nota da editora original

Todos os esforços possíveis foram feitos para assegurar que as informações contidas neste livro sejam precisas no momento da impressão, e os editores e autores não podem aceitar a responsabilidade por quaisquer erros ou omissões, entretanto causadas. Nenhuma responsabilidade por perdas ou danos ocasionados a qualquer pessoa agindo, ou abstendo-se de agir, como resultado do material desta publicação pode ser aceita pelo editor, pela editora ou pelo autor.